STRUM & SING

Guitar · Vocal

Acoustic Classics

ISBN 978-1-4950-7151-5

HAL·LEONARD®
CORPORATION
7777 W. BLUEMOUND RD. P.O. BOX 13819 MILWAUKEE, WI 53213

Visit Hal Leonard Online at
www.halleonard.com

American Pie

Words and Music by
Don McLean

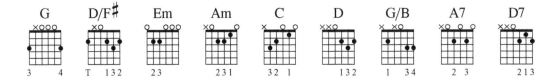

Verse 1

```
 |G    D/F♯ Em            |
A long, long  time ago
|Am              C
 I can still remem - ber
          |Em                           |D
How that music used to make me smile.
       |G         D/F♯ Em
And I know if I had my chance,
        |Am                 C
That I could make those people dance,
       |Em             C         |D |Em
And maybe they'd be happy for a while.
                 Am              |
But February made me shiver
|Em              Am              |
 With every paper I'd deliver,
|C        G/B     Am
 Bad news on the doorstep.
  |C                      D
I couldn't take one more step.
  |G           D/F♯      Em
I can't remem - ber if I cried
         |C              D         |
When I read about his widowed bride.
|G          D/F♯        Em
 Something touched me deep inside
       |C       D   |G    |       ||
The day the music died. So…
```

Chorus 1

|G   C |G   D
Bye, bye, Miss A - merican Pie.

             |G   C |G   D
Drove my Chevy to the levee, but the levee was dry.

             |G   C |G   D
And them good ol' boys were drinking whiskey and rye,

            |Em |A7 |
Singing, "This'll be the day that I die,

|Em |D | ||
This'll be the day that I die."

Verse 2

|G |Am
Did you write the book of love,

              |C |Am |
And do you have faith in God above

|Em |D7 |
   If the Bible tells you so?

| |G   D/F♯ |Em
   Now, do you believe in   rock 'n' roll?

      |Am |C
Can music save your mortal soul?

      |Em |A7 |D7 |
And can you teach me how to dance real slow?

| |Em |D
   Well, I know that you're in love with him

      |Em |D7
'Cause I saw you dancing in the gym.

   |C   G |Am
You both kicked off your shoes.

     |C |D7
Man, I dig those rhythmic blues.

      |G   D/F♯ |Em
I was a lonely teen - age broncin' buck

      |Am |C
With a pink carnation and a pickup truck.

  |G   D/F♯ |Em
But I knew I was out of luck

      |C |D7 |G   C |
The day the mu - sic died.

|G   D ||
I started singing…

Chorus 2   *Repeat Chorus 1*

Verse 3

```
|            |G                    |Am
      Now, for ten years we've been on our own,
   |C                    |Am            |Em
And moss grows fat on a rolling stone.
                    |D7              |
But that's not how it used to be
|            |G      D/F♯        |Em
      When the jester sang for the king and queen
   |Am                |C
In a coat he borrowed from James Dean,
      |Em                |A7            |D7        |
And a voice that came from you and me.
|            |Em                  |D
      Oh, and while the king was looking down,
   |Em                |D7
The jester stole his thorny crown.
      |C                    G      |Am
The courtroom was ad - journed,
   |C                    |D7
No verdict was returned.
         |G      D/F♯ |Em
And while Lenin read a book on Marx,
   |Am                |C
A quartet practiced in the park,
   |G          D/F♯ |Em
And we sang dirges  in the dark
            |C      |D7      |G      C |
The day the mu - sic died.
|G          D          ||
 We were singin'...
```

Chorus 3   *Repeat Chorus 1*

6

Verse 4

```
|G                |Am
 Helter  skelter  in  the  summer  swelter,
     |C                    |Am            |
The  birds  flew  off  with  a  fallout  shelter.
|Em               |D7             |
   Eight  miles  high  and  fallin'  fast,
|     |G      D/F♯ |Em
 It  landed  foul    on  the  grass.
    |Am                   |C
The  players  tried  for  a  forward  pass
         |Em         |A7          |D7       |
With  the  jester  on  the  sidelines  in  a  cast.
|         |Em             |D
   Now,  the  half  time  air  was  sweet  perfume,
   |Em                |D7             |
While  sergeants  played  a  marchin'  tune.
|C         G              |Am
 We  all  got  up  to  dance,  oh,
        |C                  |D7
But  we  never  got  the  chance.
          |G      D/F♯ |Em
'Cause  the  players  tried  to  take  the  field,
   |Am              |C
The  marching  band  re - fused  to  yield.
   |G      D/F♯    |Em
Do  you  re - call  what  was  revealed
   |C      |D7        |G      C  |
The  day  the  music  died?
|G         D        ‖
 We  started  singin'…
```

Chorus 4   *Repeat Chorus 1*

7

Verse 5

```
|           |G              |Am
   Oh, and  there we were all in one place,
 |C                 |Am        |
A generation  lost  in  space
|Em          |D7                    |
 With no time  left  to start again.
|                    |G      D/F♯ |Em                |
   So come on, Jack be nimble, Jack be quick
|Am                  |C
Jack Flash sat on a  candlestick
       |Em        |A7         |D7        |
'Cause  fire is the devil's only  friend.
|         |Em              |D
   And as I watched him  on the stage,
 |Em                        |D7
My hands were clenched in fists of rage.
   |C      G             |Am
No  angel born in hell
       |C                      |D7
Could break that Satan's spell.
            |G                  D/F♯  |Em
And as the flames climbed high in - to the night,
  |Am                 |C
To  light the sacrificial  rite,
 |G           D/F♯  |Em
I saw Satan  laughing  with delight
            |C        |D7    |G      C  |
The day the mu - sic died
|G           D         ||
   He was singing…
```

Chorus 5   *Repeat Chorus 1*

Verse 6

|G   D/F♯   Em
I met a girl who sang the blues,
   |Am   C
And I asked her for some happy news
   |Em |D |
But she just smiled and turned away.
|G   D/F♯   Em
I went down to the sacred store
G/B |Am   G/B C
Where I'd heard the music   years before.
      |Em   C |D
But the man there said the music wouldn't play.
   |Em   Am
And in the streets, the children screamed,
   |Em   Am
The lovers cried, and the poets dreamed.
   |C   G/B Am   G/B
But not a word was spoken,
   |C   D
The church bells all were broken,
     |G/B   D/F♯   Em   G/B
And the three men I admire most,
   |C   D
The Father, Son, and the Holy Ghost,
  |G   D/F♯   Em
They caught the last train for the coast
  |C   D |G |
The day the music died.
|G   D   ‖
And they were singing…

Chorus 6   *Repeat Chorus 1*

Angie

Words and Music by
Mick Jagger and Keith Richards

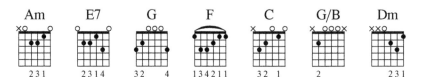

Intro |Am |E7 |G F | C G/B ‖

Verse 1

|Am |E7 |
  Angie,   Angie,

|G   F | C G/B |
  When will those clouds all disappear?

|Am |E7 |
  Angie, Angie,

|G   F | C
  Where will it lead us from here?

        |G
With no loving in our souls

      |Dm   Am |
And no money in our coats,

|C   F |G
  You can't say __ we're satisfied.

     |Am |E7 |
But Angie, Angie,

|G   F | C G/B ‖
  You can't say we never tried.

Verse 2

```
|Am                |E7         |
    A - Angie, you're beautiful,
|G           F               |    C   G/B|
    But ain't it time we said goodbye?
|Am          |E7            |
    A - Angie,    I still love ya.
|G               F           |    C
    Remember all __ those nights we cried?
G     |
All the dreams __ we held so close
                |Dm          Am   |
Seemed to all ___ go up in smoke.
|C                    F          |G          |
    Uh, let me whis - per in your ear:
|Am  |E7        |
"Angie, Angie,
|G          F          |    C       ‖
 Where will it lead us from here?"
```

Interlude

```
|Am          |E7          |G     F  |    C   G/B|
|Am          |E7          |G     F  |    C
```

Bridge

```
     ‖ G              |
Oh, Angie, don't you weep.
                 |Dm          Am   |
All your kiss - es still taste sweet.
|C          F                |G
    I hate that sadness in your eyes.
     |Am  |E7       |
But Angie, Angie,
|G           F             |    C       |
    Ain't it time __ we said good - bye?
|Am          |E7          |G     F  |    C
```

Outro

        ‖ **G**
With no loving in our souls

    |**Dm**   **Am** |
And no money in our coats,

|**C**   **F** |**G**
    You can't say __ we're satisfied.

   |**Dm** |**Am** |
But Angie, I still love you, ba - by.

|**Dm** |**Am** |
   Ev'rywhere I look I see your eyes.

|**Dm** |**Am** |
   There ain't a woman that comes close to you.

|**C**   **F** |**G**
   Come on, ba - by, dry your eyes.

   |**Am** |**E7** |
But Angie, Angie,

|**G**   **F** | **C** **G/B**|
   Ain't it good to be alive?

|**Am** |**E7** |
 Angie, Angie,

|**G**   **F** | **C**   ‖
   They can't say we never tried.

Baby, I Love Your Way

Words and Music by
Peter Frampton

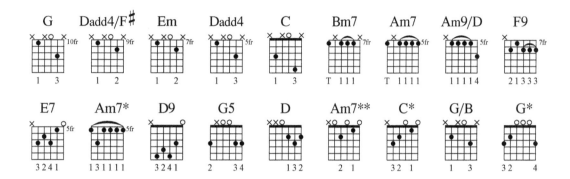

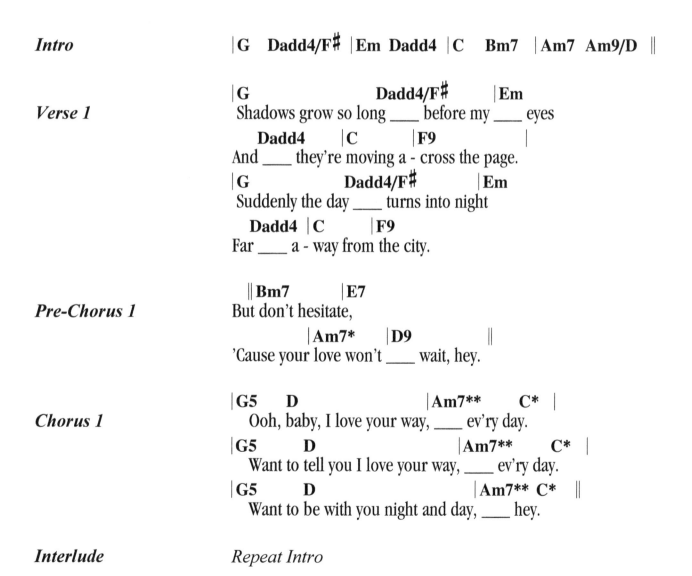

Intro

|G   Dadd4/F♯ |Em Dadd4 |C   Bm7 |Am7 Am9/D ‖

Verse 1

|G   Dadd4/F♯ |Em
Shadows grow so long ___ before my ___ eyes
     Dadd4 |C |F9 |
And ___ they're moving a - cross the page.
|G   Dadd4/F♯ |Em
 Suddenly the day ___ turns into night
     Dadd4 |C |F9
Far ___ a - way from the city.

Pre-Chorus 1

      ‖Bm7 |E7
But don't hesitate,
        |Am7* |D9   ‖
'Cause your love won't ___ wait, hey.

Chorus 1

|G5   D |Am7**   C* |
   Ooh, baby, I love your way, ___ ev'ry day.
|G5   D |Am7**   C* |
   Want to tell you I love your way, ___ ev'ry day.
|G5   D |Am7** C* ‖
   Want to be with you night and day, ___ hey.

Interlude

Repeat Intro

Verse 2

|G   **Dadd4/F♯** |Em
Moon appears to shine ____ and light the sky
   Dadd4 |C |F9
With ____ the help of ____ some firefly.
|G   **Dadd4/F♯** |Em
I wonder how they have ____ the power to shine, ____ shine, shine.
   Dadd4 |C |F9 ||
I ____ can see them   under the pine.

Pre-Chorus 2

Repeat Pre-Chorus 1

Chorus 2

|G5 |Am7**   C* |
Ooh, baby, I love your way, ____ ev'ry day.
|G5 |Am7** C* |
Want to tell you I love your way, ____ ooh.
|G5 |Am7**   C* ||
Want to be with you night and day, ____ ooh, ____ yeah.

Piano Solo

||: G Dadd4/F♯ |Em Dadd4 |C |F9   :||

Pre-Chorus 3

|Bm7 |E7
But don't hesitate,
       |Am7* |D9 ||
'Cause your ____ love won't ____ wait.

Verse 3

```
 |G              Dadd4/F♯      |Em
I can see the sun - set in your eyes.
        Dadd4  |C   |F9           |
Brown ____ and grey, blue besides.
 |G              Dadd4/F♯          |Em
 Clouds are stalking    islands in the sun.
        Dadd4     |C            |F9          ‖
Wish I ____ could buy one out of season.
```

Pre-Chorus 4   *Repeat Pre-Chorus 1*

Chorus 3

```
 |G5                        |Am7**      C*  |
  Ooh, baby, I love your way, ____ ev'ry day.
 |G5                          |Am7** C*  |
  Want to tell you I love your way, ____ ooh.
 |G5                           |Am7**   C*  |
  Want to be with you night and day.
 |G5                       |Am7**      C*  |
  Ooh, baby, I love your way, ____ ev'ry day.
 |G5                          |Am7** C*  |
  Want to tell you I love your way, ____ ooh.
 |G5                            |Am7**   C*       ‖
  Want to be with you night and day,          yeah.
```

Outro

```
|G  Dadd4/F♯ |Em  Dadd4  C   G/B  Am7** |G*       ‖
```

Cat's in the Cradle

Words and Music by
Harry Chapin and Sandy Chapin

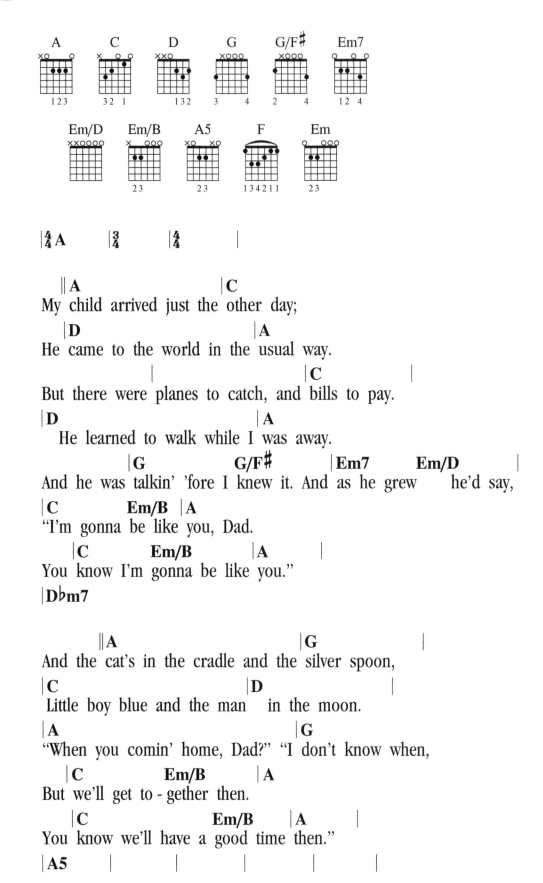

Intro |$\frac{4}{4}$ A |$\frac{3}{4}$ |$\frac{4}{4}$ |

Verse 1

     ||A |C
My child arrived just the other day;
  |D |A
He came to the world in the usual way.
       | |C |
But there were planes to catch, and bills to pay.
|D |A
 He learned to walk while I was away.
      |G   G/F♯ |Em7 Em/D |
And he was talkin' 'fore I knew it. And as he grew he'd say,
|C   Em/B |A
"I'm gonna be like you, Dad.
 |C   Em/B |A |
You know I'm gonna be like you."
|D♭m7

Chorus 1

      ||A |G |
And the cat's in the cradle and the silver spoon,
|C |D |
 Little boy blue and the man in the moon.
|A |G
"When you comin' home, Dad?" "I don't know when,
  |C   Em/B |A
But we'll get to - gether then.
   |C   Em/B |A |
You know we'll have a good time then."
|A5 | | | | |

Verse 2

‖ A | C
My son turned ten just the other day.

      | D | A
He said, "Thanks for the ball, Dad. Come on, let's play.

      | | C
Can you teach me to throw?" I said, "Not today;

      | D | A
I got a lot to do." He said, "That's okay."

          | G   G/F♯ | Em7   Em/D
And he,   he walked a - way, but his smile never dimmed.

         | C   Em/B | A
It said,   "I'm gonna be like him, yeah.

        | C   Em/B | A |
You know I'm gonna be like him."

Chorus 2

Repeat Chorus 1

Verse 3

       ‖ A | C
Well, he came from college just the other day,

   | D | A
So much like a man I just had to say,

       | | C
"Son, I'm proud of you. Can you sit for a while?"

   | D | A
He shook his head and he said with a smile,

       | G   G/F♯ | Em7   Em/D |
"What I'd really like, Dad, is to borrow the car   keys.

| C   Em/B | A |
  See you later. Can I have them, please?"

Chorus 3

         ‖ A | G |
And the cat's in the cradle and the silver spoon,

| C | D |
  Little boy blue and the man in the moon.

| A | G
"When you comin' home, Son?" "I don't know when,

   | C   Em/B | A
But we'll get to - gether then,   Dad.

    | C   Em/B | A   ‖
You know we'll have a good time then."

Interlude

```
|F          |G    Em  |A          |          |
|F          |G    Em  |A          |          |          |
```

Verse 4

```
        ‖A                        |C
I've long since retired; my son's moved away.
|D                        |A
  I called him up just the other day.
                |                |C
I said, "I'd like to see you if you don't mind."
                |D                        |A
He said, "I'd love to, Dad, if I could find the time.
        |G          G/F♯        |Em7          Em/D
You see, my new job's a hassle and the kids have the flu,
        |C        Em/B  |A
But it's sure nice talkin' to you, Dad.
        |C        Em/B  |A
It's been sure nice talkin' to you."
            |G          G/F♯        |Em7          Em/D
And as I hung up the phone it oc - curred to me,
        |C        Em/B  |A
He'd grown up just like me.
    |C        Em/B  |A          |
My boy was just like me.
```

Chorus 4

```
            ‖A                        |G          |
And the cat's in the cradle and the silver spoon,
|C                        |D                  |
 Little boy blue and the man   in the moon.
|A                        |G
"When you comin' home, Son?" "I don't know when,
    |C        Em/B        A
But we'll get to - gether then,      Dad.
        |C        Em/B  |A          |
We're gonna have a good time then."
|A5      |      |      |      |      ‖
```

Fire and Rain

Words and Music by
James Taylor

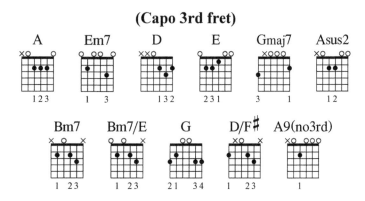

(Capo 3rd fret)

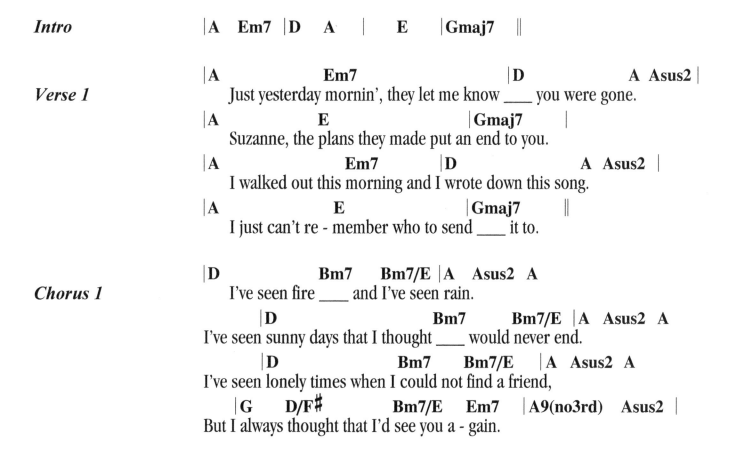

Intro

|A   Em7 |D   A | E |Gmaj7   ‖

Verse 1

|A   Em7 |D   A Asus2 |
Just yesterday mornin', they let me know ___ you were gone.
|A   E |Gmaj7 |
Suzanne, the plans they made put an end to you.
|A   Em7 |D   A Asus2 |
I walked out this morning and I wrote down this song.
|A   E |Gmaj7   ‖
I just can't re - member who to send ___ it to.

Chorus 1

|D   Bm7   Bm7/E |A Asus2 A
I've seen fire ___ and I've seen rain.
     |D   Bm7   Bm7/E |A Asus2 A
I've seen sunny days that I thought ___ would never end.
     |D   Bm7   Bm7/E |A Asus2 A
I've seen lonely times when I could not find a friend,
     |G   D/F♯   Bm7/E Em7 |A9(no3rd) Asus2 |
But I always thought that I'd see you a - gain.

Verse 2

```
  |            ‖A                  Em7
        Won't you look down upon me, Je - sus,
            |D                  A   Asus2  |
   You got to help me make a stand.
 |A                      E                |Gmaj7          |
      You've just got to see ___ me through anoth - er day.
 |A           Em7        |D          A   Asus2 |
      My body's aching and my time is at hand.
 |A          E          |Gmaj7          ‖
      I won't make it any other way.
```

Chorus 2

```
 |D                  Bm7      Bm7/E |A  Asus2  A
  Whoa, I've seen fire ___ and I've seen rain.
              |D                       Bm7        Bm7/E |A  Asus2  A
 I've seen sunny days that I thought ___ would never end.
              |D             Bm7     Bm7/E     |A  Asus2  A
 I've seen lonely times when I could not find a friend,
     |G     D/F♯           Bm7/E    Em7    |A9(no3rd)   Asus2  |
 But I always thought that I'd see you a - gain.
```

Verse 3

```
  |          ‖A                  Em7
        Been walking my mind to an easy time,
  |D                      A   Asus2   |
 My back turned towards the sun.
 |A                      E
      Lord knows when the cold wind blows,
     |Gmaj7
 It'll turn your head around.
             |A                 Em7
 Well, there's hours of time on the telephone line
 |D                  A   Asus2   |
 To talk about things to come,
 |A                E              |Gmaj7                    ‖
      Sweet dreams and flying machines in pieces on the ground.
```

Chorus 3

|D   Bm7   Bm7/E |A Asus2 A
Whoa, I've seen fire ___ and I've seen rain.

       |D   Bm7   Bm7/E |A Asus2 A
I've seen sunny days that I thought ___ would never end.

       |D   Bm7   Bm7/E |A Asus2 A
I've seen lonely times when I could not find a friend,

  |G   D/F♯   Bm7/E Em7 |
But I always thought that I'd see you   baby,

|A9(no3rd)   Asus2   ‖
   One more time again, now.

Outro

|Asus2 | |
   Thought I'd see you one more time again.

| | |
   There's just a few ___ things coming my way this time a - round now.

         | |
Thought I'd see you, thought I'd see you, fire and rain now.

        | |
Na, na, na. ___ Na, na, na, na, na, na, na, na, na, ___ na.

         ‖
Na, na, na, na, na, na, na, na. ***Fade out***

Crazy Little Thing Called Love

Words and Music by
Freddie Mercury

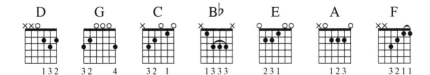

Intro

| D | | | |

Verse 1

| ‖D |
This thing __ called love,
|G |C   G
I just __ can't handle it.
           |D |
This thing, __ called love,
           |G |C   G
I must __ get 'round to it.
           |D |
I ain't ready.
|B♭   C |D
Crazy little thing called love.

Verse 2

           ‖D |
This thing __ (This thing.) called love, (Called love.)
           |G |C   G
It cries __ (Like a baby.) in a cradle all night.
           |D |
It swings, __ (Woo, woo.) it jives, (Woo, woo.)
           |G |C   G
It shakes __ all over like a jellyfish.
           |D |
I kinda like it.
|B♭   C   D |
Crazy little thing called love.

Bridge

|N.C.   ‖G |
      There goes my baby,

| |C |G
    She knows how to rock 'n' roll.

           |B♭ |
    She drives me crazy.

| |E   A
    She gives me hot and cold fever,

|F   N.C. | | |E |
    She leaves me in a cool, cool sweat.

Verse 3

|A N.C.   ‖D |
    I gotta be cool, __ re - lax,

          |G |C   G
Get hip, __ get on my tracks,

        |D |
Take a back seat, hitch hike,

   |G |C   G
And take a long ride on my motor - bike

       |D |
Until I'm ready.

|B♭   C |D |N.C. ‖
 Crazy little thing called love.

Guitar Solo

B♭		D G	D
B♭		E A	F N.C.
		E

Verse 4   *Repeat Verse 3*

Verse 5   *Repeat Verse 1*

Outro

‖: B♭   C   D   :‖
 Crazy little thing called love.   ***Repeat and fade***

Dance with Me

Words and Music by
John and Johanna Hall

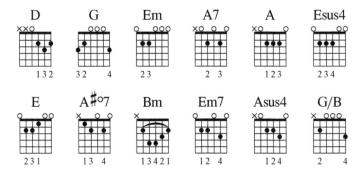

Intro

|D | |G | | |
|Em |A7 |D | ‖

Verse 1

|D | |
Dance with me. I want to be your partner.

|G | |
Can't you see? The music is just starting.

|Em |A7 |
Night is calling, and I am falling.

|D | ‖
Dance with me.

Verse 2

```
|D         |                      |
Fantasy could never be so killing.
|G        |                        |
I feel free. I hope that you are willing.
|Em                |A7             |
Pick the beat up, and kick your feet up.
|D            |              ‖
Dance with me.
```

Chorus 1

```
|G          |A            |
Let it lift you off the ground.
|G             |Esus4      E      |
Starry eyes, and love is all a - round us.
|G                  |A          A#°7  |Bm      |
I can take you where ___ you want ___ to go.
|Em7  Asus4   A      ‖
Oh,    oh.
```

Verse 3   *Repeat Verse 1*

Harmonica Solo   *Repeat Verse 1*

Chorus 2   *Repeat Chorus 1*

Verse 4   *Repeat Verse 1*

Outro

```
|D        |G        |D        |G         |
|D        |G        |N.C.     |G/B  A  D ‖
```

25

Dust in the Wind

Words and Music by
Kerry Livgren

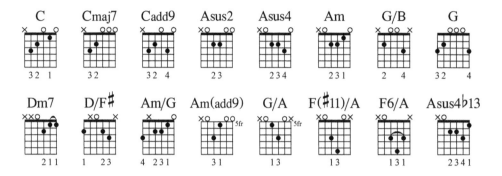

Intro

|C   Cmaj7 |Cadd9   C |Asus2 Asus4 |
|Am   Asus2 |Cadd9   C |Cmaj7 Cadd9 |
|Am   Asus2 |Asus4   Am G/B

Verse 1

‖C G/B |Am |
I close my   eyes,

|G   Dm7 |Am   G/B |
Only for a moment, and the mo - ment's gone.

|C G/B |Am |
All   my   dreams

|G   Dm7 |Am   ‖
Pass before my eyes, ____ a curi - osity.

Chorus 1

|D/F♯ G |Am Am/G |
Dust ____ in the wind.

|D/F♯   G |Am G/B ‖
All they are is dust in the wind.

Verse 2

```
|C    G/B |Am      |
Same  old   song.
|G           Dm7       |Am          |
Just a drop of wa - ter in an end - less sea.
|C  G/B|Am      |
All  we  do
|G                   Dm7              |Am         ||
Crumbles to the ground __ though we re - fuse to see.
```

Chorus 2

```
|D/F♯  G       |Am  Am/G  |
   Dust __ in the wind.
|D/F♯        G          |Am(add9) |G/A      |
All we are is dust in the wind.
|F(♯11)/A |F6/A   F(♯11)/A    ||
Oh, ho,    ho.
```

Interlude 1

```
||:Am(add9)    |G/A        |F(♯11)/A  |F6/A  F(♯11)/A :||
```

Interlude 2   *Repeat Intro*

Verse 3

```
G/B ||C    G/B |Am       |
Now   don't hang  on,
|G           Dm7         |Am
 Nothing lasts forev - er but the earth __ and sky.
G/B|C    G/B |Am
It     slips  a - way
  |G           Dm7       |Am         ||
And all your money won't another minute buy.
```

Chorus 3

```
|D/F♯  G       |Am  Am/G  |
   Dust __ in the wind.
|D/F♯        G          |Am  Am/G  |
 All we are is dust in the wind.
|D/F♯  G       |Am  Am/G  |
   Dust __ in the wind.
|D/F♯        G          |Am      ||
Ev'rything is dust in the wind.
```

Outro ||:Am Asus2 |Asus4♭13 Am |Asus2 Asus4♭13 :|| *Repeat and fade*

Free Fallin'

Words and Music by
Tom Petty and Jeff Lynne

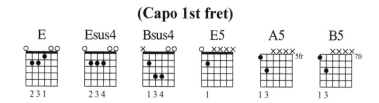

(Capo 1st fret)

E   Esus4   Bsus4   E5   A5   B5

Intro |E   Esus4 | E   Bsus4 |E   Esus4 | E Bsus4

Verse 1

            ‖E   Esus4 | E   Bsus4
She's a good girl,   loves ___ her mama,
       |E Esus4 | E   Bsus4
Loves Je - sus, and A - mer - ica too.
       |E   Esus4| E   Bsus4
She's a good girl,   cra - zy 'bout Elvis,
        |E   Esus4 | E   Bsus4 |E Esus4 | E Bsus4
Loves hor - ses and her boy - friend, too.

Verse 2

         ‖E Esus4 | E   Bsus4
And it's a long day   livin' in Re - seda.
       |E   Esus4 | E   Bsus4
There's a free - way   runnin' through the yard.
      |E   Esus4 | E   Bsus4
And I'm a bad boy 'cause I don't even miss her.
      |E   Esus4 | E   Bsus4
I'm a bad boy for break - in' her heart.

Chorus 1

          ‖E Esus4 | E Bsus4 |E Esus4 | E Bsus4
Now I'm free,   free fallin'.
       |E Esus4 | E Bsus4 |E Esus4 | E Bsus4
Yeah, I'm free,   free fallin'.

Verse 3

```
           ‖E    Esus4 |        E        Bsus4
Now all the vam - pires    walkin' through the valley
           |E    Esus4    |    E        Bsus4
Move west down Ven - tu - ra Boule - vard.
             |E   Esus4  |        E        Bsus4
And all the bad boys are standin' in the shadows.
           |E    Esus4  |    E        Bsus4   ‖
And the good girls are home with broken hearts.
```

Chorus 2   *Repeat Chorus 1*

Interlude 1

```
|E   Esus4  |  E  Bsus4  |

|E      Esus4     |   E  Bsus4          |
  (Free fallin', I'm a   free fallin', I'm a…)

|E   Esus4  |  E  Bsus4  |

|E      Esus4     |   E  Bsus4
  (Free fallin', I'm a   free fallin', I'm)
```

Verse 4

```
           ‖E    Esus4 |    E        Bsus4
I wanna glide down   o - ver Mul - holland,
             |E   Esus4 |    E     Bsus4
I wanna write her      name in the sky.
             |E   Esus4 |    E   Bsus4
I'm gonna free fall      out into nothin',
           |E    Esus4 |      E      Bsus4  ‖
Gonna leave this     world for a while.
```

Chorus 3   *Repeat Chorus 1*

Interlude 2

```
|E    A5   |  E  B5   |

|E      A5        |E  B5
  (Free fallin', I'm a free fallin,)
```

Outro

```
             |E  Esus4 |   E  Bsus4 |E   Esus4  |   E  Bsus4    ‖
Yeah, I'm free,             free fallin'.              Oh!
‖:E      Esus4    |   E  Bsus4       :‖
  (Free fallin', I'm a   free fallin', I'm a)    *Repeat and fade*
```

Going to California

Words and Music by
Jimmy Page and Robert Plant

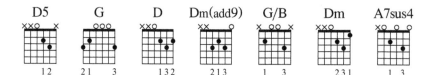

Intro   ‖:D5 | | | :‖

Verse 1

|G | |
Spent my days with a woman unkind,

| | |
Smoked my stuff and drank
|D | | |
All my wine.
|G | |
Made up my mind, make a new start,

| | |
Go'n to California with an achin'
|D | | |
In my heart.
|G |
Someone told me there's a girl out there

| | |
With love in her eyes and flowers
|D | | ‖
In her hair.

Interlude 1 |Dm(add9) |G/B |D | |
|Dm(add9) |G/B |D | |
| | ‖

Verse 2

|G | |
Took my chances on a big jet plane,

| |
Never let them tell ya that they're

| |D | | |
All the same.   Oh.

|G | |
Sea was red and the sky ___ was grey.

| |
Wondered how tomorrow

| |D | | | |
Could ever fol - low today.

|G | |
Mountains and the canyons start to tremble and shake.

| |
Children of the sun begin

| |D | | | ||
To awake.   *Watch out.*

Bridge

|Dm | |
Seems that the wrath of the Gods ___ got a punch on the nose

| |
And it started to flow:

|A7sus4 | | | |
I think I might be sinking.

|Dm | |
Throw me a line if I reach ___ it in time, I'll meet you up there

| |A7sus4 | | |
Where the path ___ runs straight and high.

|D | | |

Verse 3

            | ‖G |
To find a queen with - out a king,

         | | |D | |
They say she plays guitar and cries ___ and ___ sings.

| | |
La, la, la, la.

|G | |
Ride a white mare in the footsteps of dawn.

|
Tryin' to find a woman

        | |D | | | |
Who's nev - er, never, nev - er been born.

|G | |
Standin' on a hill in the mountain of dreams,

| |
Tellin' myself it's not as

| |D | | | ‖
Hard, hard, hard ___ as it seems.   Mmm, ah

Outro

‖:Dm(add9) |G/B |D | :‖

‖:D | | | :‖ *Repeat and fade*

A Horse with No Name

Words and Music by
Dewey Bunnell

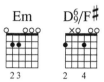

Intro |Em |D$^6_9$/F# |Em |D$^6_9$/F#

Verse 1
‖Em |D$^6_9$/F#
On the first part of the jour   -   ney
|Em |D$^6_9$/F#
I was looking at all the life.
|Em |D$^6_9$/F#
There were plants and birds and rocks ___ and things,
|Em |D$^6_9$/F#
There was sand and hills and rings.
|Em |D$^6_9$/F#
The first thing I met was a fly with a buzz
|Em |D$^6_9$/F#
And the sky with no clouds.
|Em |D$^6_9$/F#
The heat was hot and the ground was dry,
|Em |D$^6_9$/F#
But the air was full of sound.

Chorus 1

```
 ‖Em                            |D§/F♯
```
I've been through the desert on a horse with no name.
```
  |Em              |D§/F♯
```
It felt good to be out of the rain.
```
  |Em              |D§/F♯
```
In the desert you can re - member your name
```
       |Em                 |D§/F♯           ‖
```
'Cause there ain't no one for to give you no pain.
```
‖: Em       |D§/F♯            |
```
  La, la, la, ____ la, la, la, la, la,
```
Em      |D§/F♯  :‖
```
La, la, la.

Verse 2

```
    ‖Em            |D§/F♯
```
After two days in the desert   sun
```
  |Em              |D§/F♯
```
My skin began to turn red.
```
   |Em              |D§/F♯
```
After three days in the desert   fun
```
    |Em            |D§/F♯
```
I was looking at a river bed.
```
     |Em              |D§/F♯
```
And the story it told of a river that flowed
```
      |Em                |D§/F♯
```
Made me sad to think it was dead.

Chorus 2

```
      ‖Em                              |D§/F♯
```
You see I've been through the desert on a horse with no name.
```
   |Em              |D§/F♯
```
It felt good to be out of the rain.
```
   |Em              |D§/F♯
```
In the desert you can re - member your name
```
      |Em              |D§/F♯
```
'Cause there ain't no one for to give you no pain.
```
‖:     Em   |D§/F♯                |
```
  La, la, la, la, ____ la, la, la, la, la,
```
Em      |D§/F♯  :‖
```
La, la, la.

Guitar Solo

| Em | D6/9/F# | Em | D6/9/F# |
| Em | D6/9/F# | Em | D6/9/F#

Verse 3

||Em |D6/9/F#
After nine days I let the horse run free
|Em |D6/9/F#
'Cause the desert had turned to sea.
|Em |D6/9/F#
There were plants and birds and rocks ___ and things,
|Em |D6/9/F#
There was sand and hills and rings.
|Em |D6/9/F#
The ocean is a desert with its life underground
|Em |D6/9/F#
And the perfect disguise above.
|Em |D6/9/F#
Under the cities lies a heart made of ground
|Em |D6/9/F#
But the humans will give no love.

Chorus 3

||Em |D6/9/F#
You see I've been through the desert on a horse with no name.
|Em |D6/9/F#
It felt good to be out of the rain.
|Em |D6/9/F#
In the desert you can re - member your name
|Em |D6/9/F#
'Cause there ain't no one for to give you no pain.
||: Em |D6/9/F# |
La, la, la, la, ___ la, la, la, la, la,
Em |D6/9/F# :||
La, la, la. ***Repeat and fade***

Have You Ever Seen the Rain?

Words and Music by
John Fogerty

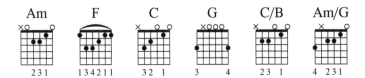

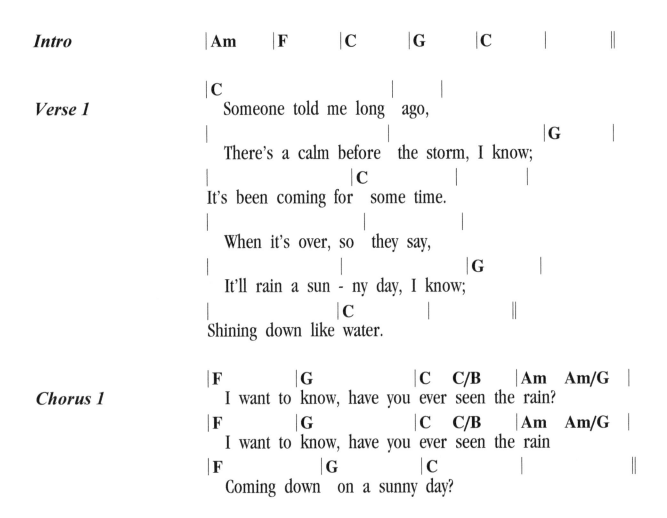

Intro |Am |F |C |G |C | ‖

Verse 1
|C | |
  Someone told me long   ago,
| | |G |
  There's a calm before   the storm, I know;
| |C | |
It's been coming for   some time.
| | |
  When it's over, so   they say,
| | |G |
  It'll rain a sun - ny day, I know;
| |C | ‖
Shining down like water.

Chorus 1
|F |G |C   C/B |Am   Am/G |
  I want to know, have you ever seen the rain?
|F |G |C   C/B |Am   Am/G |
  I want to know, have you ever seen the rain
|F |G |C | ‖
  Coming down   on a sunny day?

Verse 2

```
|C                   |          |
   Yesterday and days  before,
|                   |                |G        |
   Sun is cold and rain  is hard, I know;
|                |C          |          |
Been that way for all   my time.
|                |          |
   Till forever, on   it goes,
|                      |                |G
   Through the circle, fast   and slow, I know;
   |                |C          |          ‖
And it can't stop, I won - der.
```

Chorus 2

```
|F          |G                |C  C/B   |Am   Am/G   |
   I want to know, have you ever seen the rain?
|F          |G                |C  C/B   |Am   Am/G   |
   I want to know, have you ever seen the rain
|F          |G          |C          |              ‖
   Coming down   on a sunny day?         Yeah.
```

Chorus 3

```
|F          |G                |C  C/B   |Am   Am/G   |
   I want to know, have you ever seen the rain?
|F          |G                |C  C/B   |Am   Am/G   |
   I want to know, have you ever seen the rain
|F          |G          |C          |G          |C          ‖
   Coming down   on a sunny day?
```

I Got a Name

Words by Norman Gimbel
Music by Charles Fox

(Capo 2nd fret)

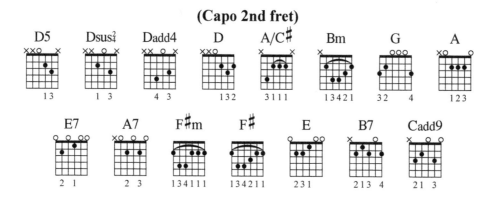

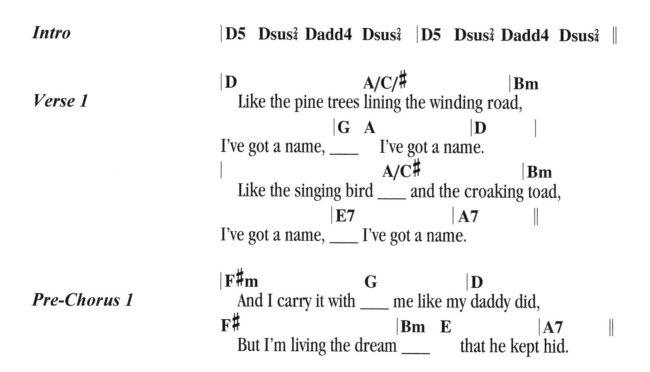

Intro |D5 Dsus₂ Dadd4 Dsus₂ |D5 Dsus₂ Dadd4 Dsus₂ ||

Verse 1

|D   A/C/♯ |Bm
Like the pine trees lining the winding road,

                |G A |D |
I've got a name, ____ I've got a name.

| A/C♯ |Bm
Like the singing bird ____ and the croaking toad,

            |E7 |A7 ||
I've got a name, ____ I've got a name.

Pre-Chorus 1

|F♯m   G |D
And I carry it with ____ me like my daddy did,

F♯ |Bm E |A7 ||
But I'm living the dream ____ that he kept hid.

Chorus 1

```
|F#m                    G       |
 Movin' me down the high - way,
|F#m                    |B7      |
 Rollin' me down the high - way,
|G               A
 Movin' ahead so life
                   |Cadd9   |         ||
Won't pass me by.
```

Verse 2

```
|D              A/C#              |Bm
   Like a north wind whistling down the sky,
            |G   A         |D        |
I've got a song, ___     I've got a song.
|                   A/C#          |Bm
   Like the whippoorwill ___ and the baby's cry,
            |E7             |A7       ||
I've got a song, ___ I've got a song.
```

Pre-Chorus 2

```
|F#m               G         |D
   And I carry it with ___ me and I sing it loud,
F#          |Bm      E         |A7        ||
   If it gets me no  -  where,    I'll go there proud.
```

Chorus 2

```
|F#m                    G       |
 Movin' me down the high - way,
|F#m               B7      |
 Rollin' me down the high - way,
|G                   A              |Cadd9       ||
 Movin' ahead so life ___ won't pass me by.
```

Guitar Solo

```
|D   A/C# |Bm         |G    A  |D          |
|    A/C# |Bm         |E7       |A7         ||
```

Bridge

|D | ||
And I'm gonna go there free.

Verse 3

|D   A/C♯ |Bm
Like the fool I am and I'll always be,
           |G A |D |
I've got a dream, ___   I've got a dream.
| A/C♯ |Bm
They can change their minds ___ but they can't change me,
        |E7 |A7 ||
I've got a dream, ___ I've got a dream.

Pre-Chorus 3

|F♯m   G |D
I know I could share it if you want me to,
F♯ |Bm   E |A7 ||
If you're goin' my ___ way, I'll go with you.

Chorus 3

Repeat Chorus 2

Chorus 4

|F♯m   G |
Movin' me down the high - way,
|F♯m |B7 |
Rollin' me down the high - way,
|G   A
Movin' ahead so life
      |Cadd9 | |D ||
Won't pass me by.

Lyin' Eyes

Words and Music by
Don Henley and Glenn Frey

Intro

|G |Gmaj7 |C | |
|Am |D7 |G | ||

Verse 1

|G |Gmaj7 |C | |
City girls just seem to find out early

|Am | |D7 |
How to open doors with just a smile.

| |G |Gmaj7 |C |
A rich old man and she won't have to wor - ry;

| |Am |C |G | ||
She'll dress up all in lace ___ and go in style.

Verse 2

|G |Gmaj7 |C |
Late at night a big old house gets lone - ly.

| |Am | |D7 |
I guess ev'ry form of refuge has its price.

| |G |Gmaj7 |C |
And it breaks her heart to think her love is on - ly

| |Am |C |G |C   D7|
Given to a man with hands ___ as cold as ice.

Verse 3

||G |Gmaj7 |C |
So she tells him she must go out for the eve - ning

| |Am | |D7 |
To comfort an old friend who's feelin' down.

| |G |Gmaj7 |C |
But he knows where she's go - in' as she's leavin';

| |Am |C |G   D7|G
She is headed for the cheatin' side of town.

Chorus 1

```
            ‖G   |C/G              |G   C/G |G
You can't hide ___ your lyin' eyes,
            D7/F♯|Em   |Bm              |Am      |
And your ___    smile ___ is a thin dis - guise.
|D7          |G   |F/G           |C   |A
  I thought by now ___ you'd realize
    |Am              |D7                  ‖
There ain't no way to hide ___ your lyin' eyes.
```

Interlude 1   *Repeat Intro*

Verse 4

```
|       ‖G            |Gmaj7          |C     |
    On the other side of town ___ a boy is wait - ing
|       |Am       |                    |D7    |
    With fiery eyes and dreams no one could steal.
|       |G              |Gmaj7       |C     |
    She drives on through the night anticipat - ing,
|          |Am            |C            |G       |C   D7
    'Cause he makes her feel the way she used to feel.
```

Verse 5

```
        ‖G            |Gmaj7          |C     |
She rushes to his arms, ___ they fall to - gether.
|       |Am       |         |D7      |
    She whispers that it's on - ly for a while.
|       |G                  |Gmaj7        |C     |
    She swears that soon she'll be comin' back forev - er;
|       |Am       |C              |G    D7 |G      ‖
    She pulls away and leaves him with a smile.
```

Chorus 2   *Repeat Chorus 1*

Interlude 2   *Repeat Intro*

Verse 6

```
|G             |Gmaj7           |C      |
 She gets up and pours herself a strong ___ one
|       |Am       |              |D7     |
    And stares out at the stars up in the sky.
|       |G           |Gmaj7        |C      |
    An - other night; it's gonna be a long ___ one.
|       |Am              |C          |G       |C   D7
    She draws the shade and hangs ___ her head to cry.
```

Verse 7

```
     ‖G              |Gmaj7        |C         |
```
She wonders how it ever got this crazy;
```
|      |Am       |                      |D7     |
```
She thinks about a boy she knew in school.
```
|     |G             |Gmaj7          |C        |
```
Did she get tired, or did she just get la - zy?
```
|       |Am              |C          |G      |      ‖
```
She's so far gone she feels ____ just like a fool.

Verse 8

```
|G              |Gmaj7                    |C          |
```
 My, oh, my, you sure know how to arrange ____ things.
```
|      |Am         |              |D7     |
```
You set it up so well, so careful - ly.
```
|        |G             |Gmaj7           |C          |
```
Ain't it funny how your new ____ life didn't change ____ things?
```
|        |Am            |C          |G      D7 |G
```
You're still the same old girl you used to be.

Chorus 3

```
     ‖G   |C/G          |G  C/G |G
```
You can't hide ____ your lyin' eyes,
```
      D7/F♯ |Em  |Bm           |Am      |
```
And your ____   smile ____ is a thin dis - guise.
```
|D7            |G  |F/G         |C  |A
```
I thought by now ____ you'd realize
```
   |Am             |D7          |G      |Gmaj7
```
There ain't no way to hide ____ your lyin' eyes.
```
   |Am             |D7          |G      |Gmaj7   |
```
There ain't no way to hide ____ your lyin' eyes.
```
|Am          |D7           |G    |Gmaj7 |Am  |D7     |G  C/G|G      ‖
```
 Honey, you can't hide your lyin' eyes.

Into the Mystic

Words and Music by
Van Morrison

(Capo 3rd fret)

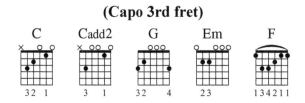

C   Cadd2   G   Em   F

Intro

| C   Cadd2 | C   Cadd2 | C   Cadd2 | C   Cadd2 |
| C   Cadd2 | C   ‖

Verse 1

| C | Cadd2 |
  We were born before the wind,
| C | |
  Also younger than the sun,
| G |
  Ere the bonny boat was won
              | C   Cadd2 | C   Cadd2 |
As we sailed into the mystic.
| C | Cadd2 |
  Hark now, hear the sailors cry.
| C | |
  Smell the sea ___ and feel the sky.
| G | | C | ‖
  Let your soul and spirit fly into the mystic.

Pre-Chorus 1

| Em | F
  And when that foghorn blows,
| C | Cadd2 C |
I will be coming home.
| Em | F | G |
  And when that foghorn blows, I wanna hear it.
|
I don't have to fear it,

Chorus 1

‖ **C** | |
And I ___ wanna rock your gypsy soul,

| | |
   Just like way back in the days of old.

| **G** | | **C**   **Cadd2** | **C**   ‖
   And magnificent - ly we will flow into the mystic.

Instrumental

| **C** | | | |
| **G** | | **C** | ‖

Pre-Chorus 2

| **Em** | **F** |
   When that fog - horn blows,

| **C** | |
   You know, I will be coming home.

| **Em** | **F** |
   And when that foghorn whistle blows,

| **G** |
   I gotta hear it, I don't have to fear it,

Chorus 2

‖ **C** | |
And I wanna rock your gypsy soul,

| | |
   Just like way back in the days of old.

| **G** | | **C**   **Cadd2**   **C** |
   And together we will flow into the mystic.

| ‖
   Come on, girl.

Outro

| **C** | | | |
| **G** | | **C** | |
              Too late to stop now.

| **G** | | **C**   ‖

Maggie May

Words and Music by
Rod Stewart and Martin Quittenton

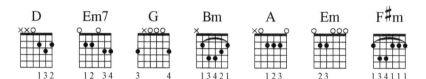

Intro
|D |Em7 |G |D   G |
|D |Em7 |G |D   Bm G ‖

Verse 1

|A |G |D |
Wake up, Maggie, I think I got something to say to you.

 |A |G |D |
It's late September and I really should be back at school.

 |G |D
I know I keep you amused,

     |G |A
But I feel I'm being used.

   |Em |F#m |Em | D
Oh Maggie, I couldn't have tried any more.

   |Em |A
You lured me away from home

   |Em |A
Just to save you from being a - lone.

   |Em |A |D |
You stole my heart and that's what really hurts.

Verse 2

   ‖ **A** |**G** |**D** |
The morning sun when it's in your face really shows your age.

   |**A** |**G** |**D** |
But that don't worry me none; in my eyes you're everything.

 |**G** |**D**
I laughed at all of your jokes;

   |**G** |**A**
My love you didn't need to coax.

   |**Em** |**F♯m** |**Em** |**D**
Oh Maggie, I couldn't have tried any more.

   |**Em** |**A**
You lured me away from home

     |**Em** |**A**
Just to save you from being a - lone.

   |**Em** |**A**   **G** |**D** | ‖
You stole my soul and that's a pain I can do without.

Verse 3

A |**G** |**D** |
All I needed was a friend to lend a guiding hand.

   |**A** |**G** |**D** |
But you turned into a lover and mother, what a lover; you wore me out.

 |**G** |**D**
All   you did was wreck my bed

     |**G** |**A**
And in the morning kick me in the head.

   |**Em** |**F♯m** |**Em** |**D**
Oh Maggie, I couldn't have tried any more.

   |**Em** |**A**
You lured me away from home

     |**Em** |**A**
'Cause you didn't want to be a - lone.

   |**Em** |**A** |**D** | ‖
You stole my heart; I couldn't leave you if I tried.

Verse 4

```
A                     |G                          |D                        |
I suppose I could col - lect my books and get on back to school,
   |A               |G                          |D                    |
Or steal my daddy's cue and make a living out of playing pool.
   |G                        |D
Or find myself a rock-and-roll band
    |G                    |A
That needs a helpin' hand.
   |Em                   |F♯m              |Em          |  D
Oh Maggie, I wish I'd never seen your face.
          |Em                      |A
You made a first-class fool out of me,
          |Em                    |A
But I'm as blind as a fool can be.
   |Em                  |A        G   |D      |          ‖
You stole my heart but I love you an - yway.
```

Outro

```
D      |Em    |G            |D        |     |Em   |G    |D
Maggie, I wish I'd never seen your face.
   |D          |Em  |G         |D       |     |Em   |G    |D    ‖
I'll get on back home one of these days.
```

Only the Good Die Young

Words and Music by
Billy Joel

(Capo 5th fret)

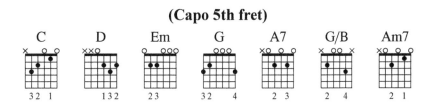

Intro

|C | D Em |C   D | G |C | D Em |

|C   D | ||

Verse 1

|C |D   Em

Come out, Virginia, don't __ let me wait.

   |C |D   G

You Catholic girls start much __ too late.

     |C |D   Em

Oh, but sooner or later it comes down to fate.

|C |D

I might as well be the one.

         |C |D   Em

Well, they showed __ you a statue; told you to pray.

    |C |D   G

They built you a temple and locked you away.

     |C |D   Em

Ah, but they never told you the price __ that you pay

    |C |D

For things that you might have done.

Chorus 1

```
            |                    ‖ G          |
Well, only the good die __ young.
|C                 |D      |G
    That's what I said.
                    |    |C
Only the good __ die young.
                    |D                  |
Only the good __ die ___ young.
```

Verse 2

```
|G                          ‖C        |D         Em
    You might have heard __ I run with a dangerous crowd.
    |C                  |D      G
We ain't too pretty; we ain't __ too proud.
    |C                  |D        Em
We might be laughing a bit __ too loud,
        |C                  |D
Ah, but that never hurt no one.
                |C                  |D        Em     |
So come on, __ Virginia, show __ me a sign.
|C              |D        G
 Send up a signal, I'll throw you a line.
    |C                          |D        Em     |
The stained glass curtain you're hid - ing behind
|C                  |D
 Never lets in the sun.
```

Chorus 2

```
            |                    ‖ G          |
Darling, only the good die __ young.
|C                              |D        |
    Whoa, whoa, whoa, whoa, whoa.
|G                      |  |C
    I tell ya, only the good die young.
                |D        |G
Only the good __ die young.
```

Bridge 1

```
            ‖ D  N.C.           |C  N.C.              |G        |
You got a nice white dress and a party on your confirma - tion.
|                |A7       |                  |C        |
    You got a brand __ new soul. Mm, and a cross __ of gold.
|            |D  N.C.              |C  N.C.            |G        |
    Well, Vir -ginia, they didn't give you quite __ enough informa - tion.
|                |A7       |                          |C        |
    You didn't count __ on me __when you were counting on your rosary.
|D    C    G/B
 Oh, whoa, whoa.
```

Verse 3

     Am7 ‖**C** |**D**   **Em** |
And they say __ there's a heaven for those __ who will wait,

 | **C** |**D**   **G**
And some say it's better but I __ say it ain't.

    |**C** |**D**   **Em**
I'd rather laugh with the sinners than cry with the saints.

   |**C** |**D**
The sinners are much more fun.

Chorus 3

          | ‖**G** |
You know that only the good die __ young.

|**C** |**D** |
 Whoa, baby, babe.

|**G** | |**C**
 I tell ya, only the good __ die young.

         |**D** |**G**   ‖
Only the good die ____ young.

Sax Solo

|**D N.C.** |**C N.C.** |**G** | |
|**A7** | |**C** |

Bridge 2

     ‖**D** **N.C.** |**C** **N.C.** |**G** |
 Said your mother told you all that I could give you was a reputa - tion.

| |**A7** |
 Oh, she never cared for me.

| |**C** |
 But does she ever say a prayer for me?

|**D** **C** **G/B**
 Oh, whoa, whoa.

Verse 4

Am7   ‖**C** |**D**   **Em** |
Come out, __ come out, come out. Vir - ginia, don't let ____ me wait.

|**C** |**D**   **G** |
 You Catholic girls __ start much too late.

|**C** |**D**   **Em**
 But sooner or later it comes __ down to fate.

 |**C** |**D**
I might as well be the one.

        | ‖
You know that only the good die young.

Outro

‖:**G** |**C** |**D** |**G** |
| |**C** |**D** |**G**   :‖ *Repeat and fade*
                            (w/ Voc. ad lib.)

Me and Bobby McGee

Words and Music by
Kris Kristofferson and Fred Foster

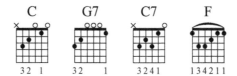

Intro　　　|C　　　|　　　||

Verse 1　　|C　　|　　　|　　　|　　|
Busted flat in Baton Rouge,　　headin' for the trains,
|　　|　　|G7　　|　　|
Feelin' nearly faded as my jeans.
|　　|　　|　　|　|
Bobby thumbed a diesel down　　just before it rained,
|　　|　　|C　　|　|
Took us all the way to New Orleans.
|　　|　　|　|
I took my har - poon out of my dirty red ban - dana
|　　|C7　　|F　　|
And was blowin' sad while Bobby sang the blues.
|　　|　　|　　|C　|
With them windshield wipers slappin' time and Bobby clappin' hands,
|G7　　|　　|C　　|　||
We finally sang up every song that driver knew.

Chorus 1　　|F　　|　　|C　　|　|
Freedom's just an - other word for nothin' left to lose.
|G7　　|　　|C　　|　|
Nothin' ain't worth nothin', but it's free.
|F　　|　　|C　　|　|
Feelin' good was easy, Lord, when　Bobby sang the blues,
|G7　　|　　|　　|　|
And feelin' good was good enough for me,
|　　|　　|C　|
Good enough for me and Bobby Mc - Gee.

Verse 2

‖**C** | | | |
From the coal mines of Ken - tucky   to the California sun,

| | | **G7** | |
Bobby shared the secrets of my soul.

| | | | |
Standin' right be - side me, Lord, through   everything I done,

| | | **C** |
And every night she kept me from the cold.

| | | | | |
Then somewhere near Sa - linas, Lord, I let her slip a - way,

| **C7** **F** |
Lookin' for the home I hope she'll find.

| | | **C** | |
And I'd trade all of my to - morrows for a single yester - day,

|**G7** | **C** | ‖
Holdin' Bobby's body next to mine.

Chorus 2

|**F** | **C** | |
Freedom's just an - other word for nothin' left to lose.

|**G7** | **C** | |
Nothin' left is all she left for me.

|**F** | **C** | |
Feelin' good was easy, Lord, when   Bobby sang the blues,

|**G7** | | |
And, buddy, that was good enough for me,

| | **C** | ‖
Good enough for me and Bobby Mc - Gee.

Melissa

Words and Music by
Gregg Allman and Steve Alaimo

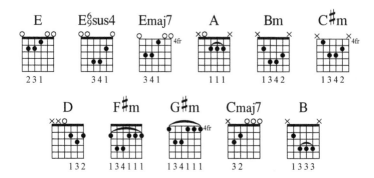

Intro

|E |E⁶₉sus4 |Emaj7 |E⁶₉sus4 ||

Verse 1

|E |E⁶₉sus4 |Emaj7 |E⁶₉sus4 |
   Crossroads   seem to come and go,   yeah.

|E |E⁶₉sus4 |
   The gypsy flies from coast to coast,

|A   Bm |C#m D |
   Knowin' many, lovin' none,

|E   F#m |G#m A |
   Bearing sorrow, having fun,

|Cmaj7 |B
   But back home he'll always run to…

Chorus 1

‖E |E⁶₉sus4 |Emaj7 |E⁶₉sus4 ‖
Sweet Melis - sa,   hmm, mm.

Verse 2

```
|E              |E⁶sus4                  |Emaj7 |E⁶sus4            |
   Freight train,    each car looks the same,      all the same.
|E                              |E⁶sus4   |
   No one knows the gypsy's name.
|A        Bm           |C♯m   D   |
   No one hears his lonely sigh.
|E              F♯m                |G♯m  A   |
   There are no blankets where he's lyin'.
|Cmaj7                                      |B
   Lord, but in the deepest dreams, the gypsy flies ___ with…
```

Chorus 2

```
           ‖E   |E⁶sus4 |Emaj7 |E⁶sus4  ‖
Sweet Melis - sa,    hmm.
```

Bridge

```
|E                         |D                      |
   Again the mornin's come,    again he's on the run.
|A                             |
   Sunbeams shinin' through his hair.
|B                     |C♯m
   Better not to have a care,    so pick up your gear
                    |A   |B   |       ‖
And, gypsy, roll ___ on.    Roll on.
```

Verse 3

```
|E            |E⁶sus4                  |Emaj7 |E⁶sus4          |
   Crossroads, ___ will you ever let him ___ go,    no, no, no,
|E                              |E⁶sus4   |
   Or will you hide the dead man's ghost?
|A           Bm          |C♯m        D   |
   Lord, will he lie ___ beneath ___ the plain,
|E            F♯m   |G♯m     A   |
   Or will his spirit fall ___ away?
|Cmaj7                     |B
   But I know that he won't stay without…
```

Outro-Chorus

```
         ‖E   |E⁶sus4 |Cmaj7                     |B
Melis - sa.              Yes, I know that he won't stay, yeah,
                 |E   |E⁶sus4 |Emaj7   |
Without Mel - issa.            No, no,
|E⁶sus4            |E    |E⁶sus4 |Emaj7 |E⁶sus4         |
   Just won't stay. ___ Mm.
‖: E          |E⁶sus4   |Emaj7     |E⁶sus4   :‖ *Repeat and fade*
```

Mull of Kintyre

Words and Music by
Paul McCartney and Denny Laine

A   D   E   G

1 2 3   1 3 2   2 3 1   3 2 4

Intro
|A | | | ||

Chorus 1
|A |
 Mull of Kin - tyre,
    |D | |A
Oh, mist rolling in ___ from the sea,
    | |D |
My de - sire is always to be here,
    |A | | | ||
Oh, Mull of Kin - tyre.

Verse 1
|A | | | |
 Far have I traveled, and much have I seen.
|D | |A | |
 Dark distant moun - tains with valleys of green.
| | | |
Past painted deserts the sunset's on fire
    |D | |E |A | ||
As he car - ries me home ___ to the Mull of Kin - tyre.

Chorus 2
|A |
 Mull of Kin - tyre,
    |D | |A
Oh, mist rolling in ___ from the sea,
    | |D |
My de - sire is always to be ___ here,
    |A | ||
Oh, Mull of Kin - tyre.

Interlude |A | | | |

Bagpipe Solo 1   ‖:D | |G | :‖

                     |D | | | ‖

Verse 2

|D | | | |
Sweep through the heather like deer in the glen.

|G | |D | |
Carry me back ___ to the days I knew then.

| | | |
Nights when we sang ___ like a heavenly choir

    |G | |A |D | ‖
Of the life and the times of the Mull of Kin - tyre.

Chorus 3

|D |
Mull of Kin - tyre,

    |G | |D
Oh, mist rolling in ___ from the sea,

    | |G |
My de - sire is always to be ___ here,

 |D | ‖
Oh, Mull of Kin - tyre.

Bagpipe Solo 2   ‖:D | |A | :‖

Verse 3

|A | | | |
Smiles in the sunshine and tears in the rain

|D | |A | |
Still take me back ___ where my mem'ries re - main.

| | | |
Flickering embers grow higher and higher

    |D | |E |A   ‖
As they carry me back ___ to the Mull of Kin - tyre.

Chorus 4   *Repeat Chorus 2*

Chorus 5   *Repeat Chorus 3*

Outro

‖:D | |A | :‖
(La, la, la, la.   Mull of Kin - tyre.)   *Repeat and fade*

Night Moves

Words and Music by
Bob Seger

(Capo 1st fret)

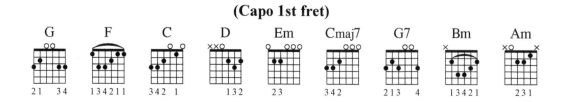

Intro   ‖: G | F C | | F   :‖

Verse 1

|G | F   C |
   I was a little too tall, could a used a few pounds.

| | F |
   Tight pants, points, hard - ly renown.

|G | F   C |
   She was a black-haired beauty with big, dark eyes,

| | F |
   And points all her own, sittin' way up high,

|G | F C |
| | F |
   Way up firm and high.

|G | F C |
   Out past the cornfields, where the woods got heavy,

| | F |
   Out in the back seat of my six - ty Chevy,

|G | F C | |
   Working on myst'ries without any clues.

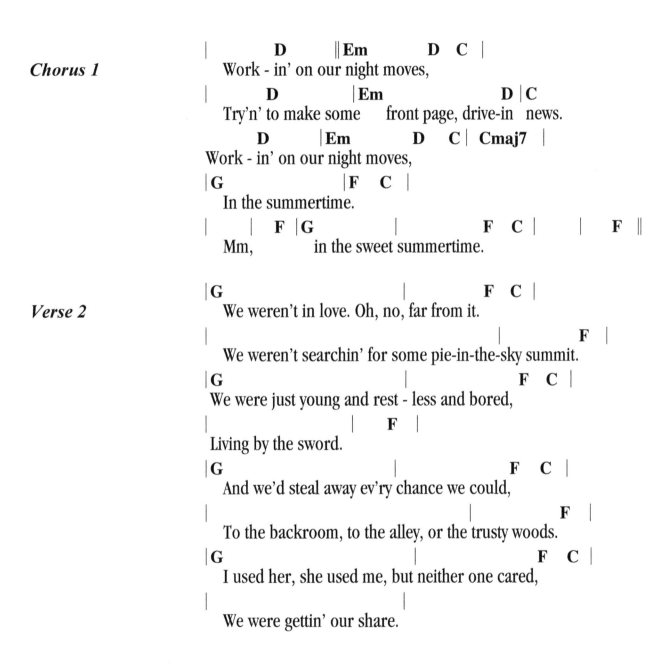

Chorus 1

```
|               D        ‖Em           D    C  |
     Work - in' on our night moves,
|               D        |Em                   D |C  |
     Try'n' to make some    front page, drive-in  news.
               D        |Em            D    C|  Cmaj7  |
     Work - in' on our night moves,
|G                        |F    C  |
     In the summertime.
|       |   F  |G               |            F   C |    |   F ‖
     Mm,              in the sweet summertime.
```

Verse 2

```
|G                                    |       F   C |
     We weren't in love. Oh, no, far from it.
|                                         |          F  |
     We weren't searchin' for some pie-in-the-sky summit.
|G                      |            F   C |
     We were just young and rest - less and bored,
|                     |    F   |
     Living by the sword.
|G                      |              F   C |
     And we'd steal away ev'ry chance we could,
|                           |             F  |
     To the backroom, to the alley, or the trusty woods.
|G                      |            F   C |
     I used her, she used me, but neither one cared,
|                       |
     We were gettin' our share.
```

Chorus 2

```
|          D       ‖ Em          D   C |
   Work - in’ on our night moves,
|          D       | Em              D   C |
   Tryin’ to lose the    awkward teen-age blues.
           D       | Em          D   C | Cmaj7    |
   Work - in’ on our night moves,         mm,
| G                        | F   C |
   And it was summertime.
|      |   F | G                  |   F       C |   D   ‖
   Mm,        sweet summertime, sum - mertime.
```

Interlude 1

```
| Em          |    D   | G          | G7         |
```

Bridge

```
           | Cmaj7  |    | G          |          |
   And, oh,        the wonder.
   | Cmaj7              |          |
   We felt the lightning.   Yeah,
| F                        |          |
   And we waited on the thun - der.
| D                        |   | G   |        ‖
   Waited on the thunder.
```

Verse 3

|G |
I awoke last night to the sound of thunder.
|Cmaj7 |
"How far off?" I sat and wondered.
|G |
Started humming a song from nineteen-sixty-two.
|Cmaj7 |Em |
Ain't it funny how the night moves?
|C |Em |
When you just don't seem to have as much to lose.
|C |Em |
Strange how the night moves
|C   Cmaj7   ‖
With autumn closing in.

Interlude 2

|G | | | F C |
| | F |G | |
      Mm.   Night moves.
| | F ‖
   Mm.

Outro

‖:G | F   C |
(Night moves.) Night moves.
| F :‖ *Play 7 times*
(Night moves.) Yeah.
|G |
(Night moves.) Night moves.
F C | |D |
      I remember. Oh!
|Em | |
Ooh, ooh.
|Bm | |
Ah, yeah, yeah, yeah, yeah.
|Am |C |G | ‖
Ah,   ah.   I remember, I remember.

Norwegian Wood
(This Bird Has Flown)

Words and Music by
John Lennon and Paul McCartney

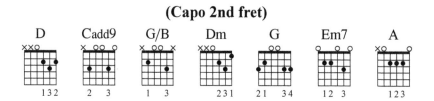

(Capo 2nd fret)

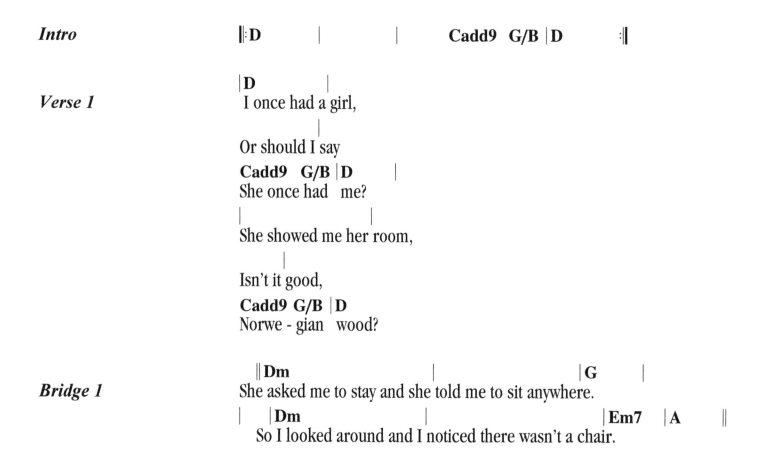

Intro   ‖:**D** | | **Cadd9 G/B** |**D**   :‖

Verse 1

|**D** |
I once had a girl,

            |
Or should I say

Cadd9 G/B |**D** |
She once had   me?

| |
She showed me her room,

        |
Isn't it good,

Cadd9 G/B |**D**
Norwe - gian   wood?

Bridge 1

‖**Dm** | |**G** |
She asked me to stay and she told me to sit anywhere.

| |**Dm** | |**Em7** |**A**   ‖
So I looked around and I noticed there wasn't a chair.

Verse 2

|D |
I sat on a rug

         |
Biding my time,

Cadd9 G/B |D |
Drinking her   wine.

| |
We talked until two,

        |
And then she said,

 Cadd9 G/B |D ||
"It's time for   bed."

Interlude   **‖:D | | Cadd9 G/B |D   :‖**

Bridge 2

    ‖ Dm | **|G** |
She told me she worked in the morn - ing and started to laugh.

| **|Dm** | **|Em7** **|A** ||
  I   told her I didn't and crawled off to sleep in the bath.

Verse 3

|D |
 And when I a - woke

         |
I was a - lone,

Cadd9 G/B |D |
This bird had   flown.

| |
So I lit a fire,

        |
Isn't it good,

Cadd9 G/B |D ||
Norwe - gian   wood?

Outro |D | | Cadd9 G/B |D   ‖

Pink Houses

Words and Music by
John Mellencamp

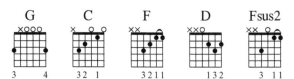

Intro   ‖:G |C   G   :‖ *Play 4 times*

Verse 1

| ‖G | |
   Well, there's a black __ man with a black cat,

| |
Livin' in a black neighborhood.

| | |
   He's got an interstate runnin' through ___ his front yard,

                           |F   C |G |
And you know he thinks ___ he's got it so good.

| | | |
   And there's a wom - an in the kit - chen,

| |
Cleaning up the evening slop.

              |F |
And he looks at her and says,"Hey darlin',

|C |G   ‖
   I can remember when you could   stop a clock."

Chorus 1

```
|                          ‖ C              | G
    Oh, but ain't that Amer - ica, for you and me.
              | C                 | G
Ain't that Ameri - ca, something to see, ___ baby.
              | C                      | D         |
Ain't that Amer - ica, home of the free, ___ yeah.
|                     | C
   Little pink houses for you and me.
         |                    |
Oh, ___ yeah, for you and me.
| G     | C  G  |      | C  G
   Ow!
```

Verse 2

```
                        ‖ G          |          |
Well, there's a young __ man in a tee shirt,
|                        |
List'nin' to a rock 'n' roller station.
          |                |
He's got a greasy hair and a greasy smile.
              | F          C          | G        |
He says, "Lord, ___ this must be my destina - tion."
|              |                 |
   'Cause they told me when I was younger,
       |                    |
Sayin', "Boy, you're gonna be presi - dent."
              | F                      | C
But just like ev'rything else, those old cra - zy dreams
          | G            |
Just kinda came and went.
```

Chorus 2

```
|                              ‖C              |G
    Oh, but ain't that Amer - ica, for you and me.
                     |C                 |G
Ain't that Amer - ica, something to see, ___ baby.
                     |C                      |D              |
Ain't that Amer - ica, home of the free, ___ yeah.
|                         |C
    Little pink houses for you and me.
     |                       |G        |C   G   |
Oh, build them, baby, for you and me.
|        |C   G   |        |C   G   ‖
```

Interlude

```
‖:Fsus2    |C            |G            |            :‖  Play 4 times
|           |
```

Verse 3

```
                    ‖G            |          |
    Well, there's peo - ple, and more people.
   |              |                 |
    What do they know, know, know?
   |                        |
    Go to work in some high rise
            |F              C          |G              |
And va - cation down at the Gulf of Mexico, ___ ooh, yeah.
   |            |              |          |
    And there's winners and there's losers,
   |                    |
    But they ain't no big deal.
              |F                        |C
'Cause the sim  - ple man, baby, pays for the thrills,
             |G           |
The bills, the pills that kill.
```

Chorus 3

```
|                            ‖ C           | G
     Oh, but ain't that Amer - ica, for you and me.
                   | C           | G
Ain't that Amer - ica, something to see, ___ baby.
                   | C                 | D          |
Ain't that Amer - ica, home of the free, ___ yeah.
|                       | C           |          |
     Little pink houses for you and me. Ooh.
| G            |
     Ooh, yeah!
```

Chorus 4

```
|                            ‖ C           | G
     Oh, but ain't that Amer - ica, for you and me.
                   | C           | G
Ain't that Amer - ica, something to see, ___ baby.
                   | C           | D
Ain't that Amer - ica, home of the free.
            |                        | C
Ooh, yeah, yeah, yeah, yeah, yeah, yeah, yeah.
                    |                  | G        ‖
Little pink houses, babe, for you and me.
```

Outro

```
| C    G    |         |
  Ooh, yeah.
| C    G    |         | C   G    |        | C   G*   ‖
  Ooh, yeah.
```

Redemption Song

Words and Music by
Bob Marley

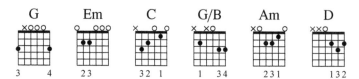

Intro

| N.C.(G) | (C) (G) | | (C) (D) (G) |
| (G) | (C) (G) | | (C) (D) (G)

Verse 1

   ‖ **G** |**Em**
Old pirates, yes, they rob I,
   |**C**   **G/B** |**Am** |
Sold I to the merchant ships
|**G** |**Em** |
 Minutes after they took I
|**C**   **G/B** |**Am**
 From the bottomless pit.
    |**G** |**Em** |
But my hand was made strong
|**C**   **G/B** |**Am**
 By the hand of the Al - mighty.
  |**G** |**Em**
We forward in this gener - ation
C |**D**   ‖
 Triumphant - ly.

Chorus 1

|D   ‖G |
Won't you help to sing
|C   D |G
  These songs of freedom?
    |C   D |Em |
'Cause all I ever have,
|C   D |G
  Re - demption songs,
|C   D |C |C   D
  Re - demption songs.

Verse 2

     ‖G |Em
Emanci - pate yourselves from mental slavery.
       |C   G/B |Am
None but our - selves can free our minds.
   |G |Em
Have no fear for atomic energy,
        |C   G/B |D
'Cause none of them can stop the time.
 |G |Em
How long shall they kill our prophets
      |C   G/B |Am
While we stand a - side and look? Ooh.
 |G |Em
Some say it's just a part of it;
     |C   G/B |D   ‖
We've got to ful - fill the book.

Chorus 2   *Repeat Chorus 1*

Verse 3   *Repeat Verse 2*

Chorus 3   *Repeat Chorus 1*

Outro |C G/B |Am | | | ‖

The Sound of Silence

Words and Music by
Paul Simon

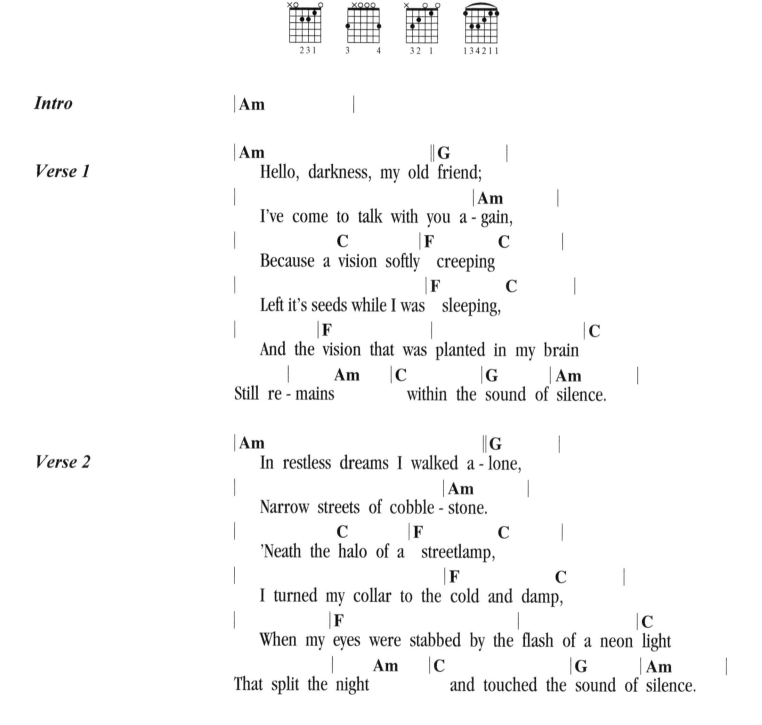

Intro

|Am |

Verse 1

|Am   ‖G |
    Hello, darkness, my old friend;
   | |Am |
    I've come to talk with you a - gain,
   | C |F   C |
    Because a vision softly   creeping
   | |F   C |
    Left it's seeds while I was   sleeping,
   | |F | |C
    And the vision that was planted in my brain
       | Am |C |G |Am |
Still re - mains   within the sound of silence.

Verse 2

|Am   ‖G |
    In restless dreams I walked a - lone,
   | |Am |
    Narrow streets of cobble - stone.
   | C |F   C |
    'Neath the halo of a   streetlamp,
   | |F   C |
    I turned my collar to the cold and damp,
   | |F | |C
    When my eyes were stabbed by the flash of a neon light
       | Am |C |G |Am |
That split the night   and touched the sound of silence.

Verse 3

```
|Am                      ‖G          |
     And in the naked light I saw
|                             |Am          |
     Ten thousand people, maybe more.
|         C            |F       C      |
     People talking without  speaking,
|                        |F       C       |
     People hearing without  listening,
|                 |F        |              |C
     People writing songs that voices never share,
           |    Am    |C         |G      |Am        |
And no one dare        disturb the sound of silence.
```

Verse 4

```
|Am                           ‖G          |
     "Fools!" said I, "You do not know
|                        |Am          |
     Silence like a cancer grows.
|          C                |F       C       |
     Hear my words that I might   teach you;
|                         |F           C        |
     Take my arms that I might   reach you."
|        |F        |                |C        |    Am
     But my words like silent raindrops fell,
|C          |G      |Am          |
And echoed in the wells of silence.
```

Verse 5

```
|Am                        ‖G          |
     And the people bowed and prayed
|                        |Am          |
     To the neon god they made.
|           C            |F      C      |
     And the sign flashed out its  warning
|                       |F      C      |
     In the words that it was   forming,
|                        |F
     And the signs said, "The words of the prophets
     |                          |C          |    Am
Are written on the subway walls   and tenement halls"
     |C              |G      |Am        |              ‖
And whispered in the sounds of silence.
```

Southern Cross

Words and Music by Stephen Stills,
Richard Curtis and Michael Curtis

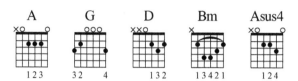

Intro

|A G |D |A G |D   A

Verse 1

           ‖A   G |D
Got out of town ___ on a boat   goin' to southern is - lands,
           |A   G |D   A
Sailing a reach be - fore a following sea.
           | G |D
She was making for the trades ___ on the outside
           |A   G |D   A
And the downhill run   to Papee - te.

Verse 2

           ‖A   G |D
Off the wind ___ on this heading lie the Mar - quesas.
          |A   G |D   A
We got eighty feet of a waterline nicely mak - ing way.
          | G |D
In a noisy bar in Avalon I tried to call you,
          |A   G |D   Bm |A
But on a midnight watch I realized why twice you ran away.
          ‖
Think about…

Pre-Chorus 1

```
|G              D       |G    A      |
   Think about how many times I have fa - allen.
|G      D     |G      A       |
   Spirits are using me, larger voices ca-allin'.
|G              D        |G        |A       |
   What heaven brought you and me cannot be forgo - otten.
```

Chorus 1

```
|                        ‖D    G   |A        |
   Been around… I have been a - round ___ the world.
|      Asus4  |D          G      A  |
Lookin'. ___       Lookin' for that woman, girl
|              Asus4   A  |D        G      A |
   Who knows, she knows. Who knows love can en - dure.
N.C.              |A   G  |D        |
And you know it will.        Mm.
|A  G  |D    A
```

Verse 3

```
              ‖A          G          |D
   When you see ___ the Southern Cross for the first time,
 |A          G            |D     A
You understand now why you came this way.
         |              G          |D
'Cause the truth you might be running from is so  small,
     |A      G       |D        Bm   |A
But it's as big as the promise, the promise of a comin' day.
```

Verse 4

```
N.C. ‖A        G              |D
So I'm sailing for to - morrow, my dreams are a dying.
     |A        G           |D        Bm      A
And my love is an an - chor tied to you, tied with a silver chain.
N.C.    |A   G          |D
I have my ship and all her flags are a flying.
     |A        G    |D    Bm  |A
She is all that I have left and music is her name.
              ‖
Think about…
```

Pre-Chorus 2   *Repeat Pre-Chorus 1*

Chorus 2

                               ‖**D**   **G**   **A** |

Been around… I have been a - round ___ the world.

       Asus4 **A** |**D**   **G**   **A** |

Lookin'. ___   Lookin' for that woman, girl

Asus4 **A** |**D**   **G**   **A** |

    Who knows love can en - dure.

N.C. |**A** **G** |**D** |**A**   **G** |

And you know it will.   And you know ___ it will.

|**D**   **A**   ‖

         Peace.

Interlude

‖:**A**   **G** |**D** |**A**   **G** |**D**   **A** :‖^{2.} **D**   **A**

(1.   2.)

Verse 5

         ‖**A**   **G** |**D**

  So we cheated and we lied ___ and we tested.

     |**A**   **G** |**D**   **A** |

And we never failed to fail; it was the easiest thing to do.

| **G** |**D**

  You will survive ___ being bested.

           |**A**   **G** |**D**   **Bm** |**A**

Somebody fine ___ will come along, make me for - get about loving you

N.C. |**A**   **G** |**D** |

And the Southern Cross.

|**A**   **G** |**D**   ‖

Uncle John's Band

Words by Robert Hunter
Music by Jerry Garcia

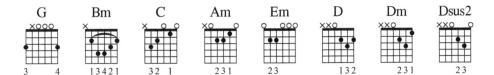

Intro

```
|G        |        |        |        |        |
|  Bm  C|  D     |        |G  Bm  C|
```

Verse 1

```
|           ||G              |                  |C          G        |
         Well, the first days are the hardest days; don't you worry any - more.
|           |              |                  |C          G    |        |
         'Cause when life looks like Easy Street there is danger at your door.
|Am                  |Em  C              |D          |
Think this through with me;      let me know your mind.
|C   D       |G    D   C  |G   D  |G        |        |
Woh, oh, what I want to know      is, are you kind?
```

Verse 2

```
|           ||G              |                  |C          G    |        |
         It's a buck dancer's choice,    my friends; better take my ad - vice.
|           |              |C          G    |        |
You know all the rules by now and the fire from the ice.
|Am                  |Em  C              |D          |
Will you come with me?      Won't you come with me?
|C   D       |G    D   C  |G   D  |G        |        ||
Woh, oh, what I want to know:      will you come with me?
```

Pre-Chorus

```
|G                    |        C  |Am      G       D    |
  Goddamn, well, I    declare,      have you seen the like?
       |C                      |
Their walls are built of can  -  nonballs.
       |G     D      C    |     D       ||
Their motto is "Don't tread    on me."
```

Chorus 1

```
|G                    |        C  |Am      G       D  |            |
Come hear Un  -  cle John's band    playing to the tide.
|C                    |
 Come with me or go    alone.
     |G     D      C  |      D       ||
He's come to take his chil  -  dren home.
```

Guitar Solo

```
|G Bm C|     D   |G Bm C|     D    |
|G Bm C|     D   |G Bm C|     D
```

Verse 3

```
    ‖G                    |                    |C         G  |         |
It's   the same story the crow told me; it's the only one he knows.
|              |                    |C          G  |         |
Like the morning sun you come and like the wind you go.
|Am              |Em  |C                 |D      |
 Ain't no time to hate,      barely time to wait,
|C   D        |G      D   C  |G      D     |G        |          ‖
Woh, oh, what I want to know:     where does the time go?
```

Verse 4

```
|G              |              |C         G   |           |
     I live in a silver mine and I call it Beggar's Tomb.
|G              |      |C         G   |        |
I got me a violin and I beg you call the tune.
|Am          |Em  |C                    |D        |
Anybody's choice;      I can hear your voice.
|C   D      |G       D   C |G    D   |G      |       |        ‖
Woh, oh, what I want to know:      how does the song go?
```

Chorus 2

```
|G             |        C   |Am    G      D  |          |
Come hear Un - cle John's band   by the river - side.
|C               |        |G   D      C  |    D    |
Got some things to talk    about,    here beside the ris - in' tide.
|G             |        C   |Am    G    D  |        |
  Come hear Un - cle John's band   playing to the tide.
|C                    |
Come on along or go      alone.
     |G     D     C  |    D       ‖
He's come to take his chil - dren home.
```

Interlude

‖: ⁴⁄₄ **Dm** |³⁄₄ **G   C** |⁴⁄₄ **Dm** |³⁄₄ **G   C** :‖ *Play 4 times*

Chorus 3

Repeat Chorus 2

Outro

```
|Dm |G        C   |Dm          |
     Da da da da da da,
|G       C   |Dm          |
Da da da da da da,
|G       C   |Dsus2      ‖
Da da da da da da.
```

Space Oddity

Words and Music by
David Bowie

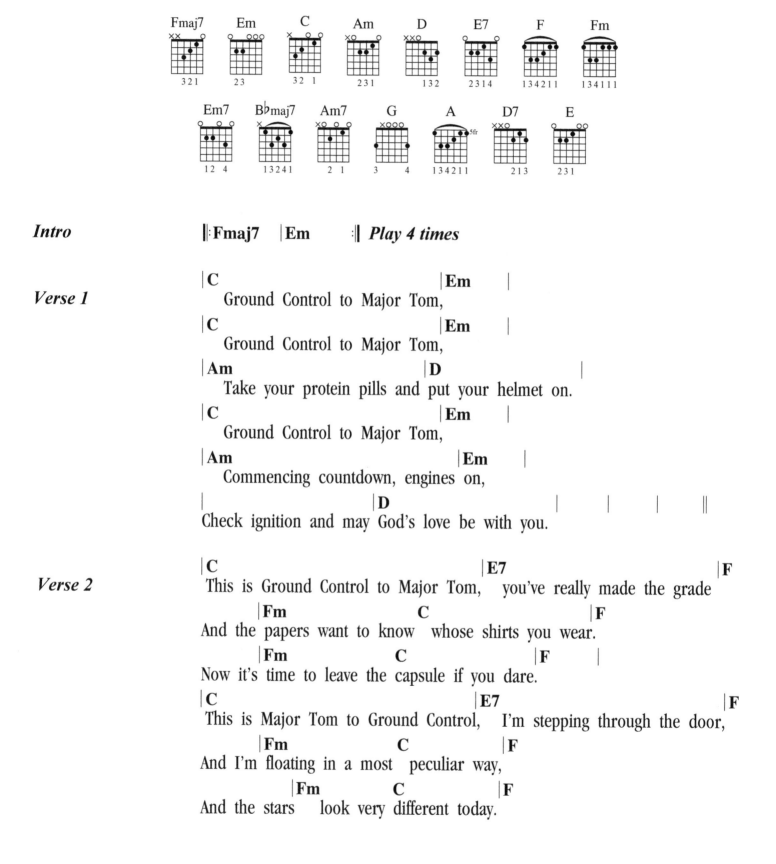

Intro   ‖: **Fmaj7** | **Em**   :‖ *Play 4 times*

Verse 1

| **C** | **Em** |
Ground Control to Major Tom,
| **C** | **Em** |
Ground Control to Major Tom,
| **Am** | **D** |
Take your protein pills and put your helmet on.
| **C** | **Em** |
Ground Control to Major Tom,
| **Am** | **Em** |
Commencing countdown, engines on,
| | **D** | | | ‖
Check ignition and may God's love be with you.

Verse 2

| **C** | **E7** | **F**
This is Ground Control to Major Tom,   you've really made the grade
| **Fm**   C | **F**
And the papers want to know   whose shirts you wear.
| **Fm**   C | **F** |
Now it's time to leave the capsule if you dare.
| **C** | **E7** | **F**
This is Major Tom to Ground Control,   I'm stepping through the door,
| **Fm**   C | **F**
And I'm floating in a most   peculiar way,
| **Fm**   C | **F**
And the stars   look very different today.

Bridge 1

‖ **Fmaj7** | **Em7** |
For here   am I sitting in a tin can,

| **Fmaj7** | **Em7** |
Far   above the world.

| **B♭maj7**   **Am7** | **G** | **F**   ‖
Planet Earth is blue and there's nothing I can do.

Interlude 1

| C   F   G   A | C   F   G   A   **Fmaj7**   ‖

Verse 3

| **C** | **E7** | **F**
Though I'm past one hundred thousand miles   I'm feeling very still,

| **Fm**   **C** | **F**
And I think my spaceship knows which way to go.

| **Fm**   **C** | **F** |
Tell my wife I love her very much, she knows.

| **G**   **E7** | **Am**
 Ground Control to Major Tom, your circuit's dead, there's something wrong.

| **D7**
Can you hear me, Major Tom?

| **C**
Can you hear me, Major Tom?

| **G**
Can you hear me, Major Tom?

Bridge 2

‖ **Fmaj7** | **Em7** |
Can you hear me, am I floating 'round my tin can,

| **Fmaj7** | **Em7**
Far   above the moon?

| **B♭maj7**   **Am7** | **G**   **F** | **E** | ‖
Planet Earth is blue and there's nothing I can do.

Interlude 2   *Repeat Interlude 1*

Guitar Solo | **Fmaj7** | **Em7** | **A** | **G** | **D** | **E**   ‖

Outro-Guitar Solo | **Fmaj7** | **Em7** | **A** | **G** | **D** |
| **E** | | ‖
‖: **E** | :‖ *Play 4 times and fade*

Take Me Home, Country Roads

Words and Music by
John Denver, Bill Danoff and Taffy Nivert

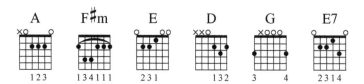

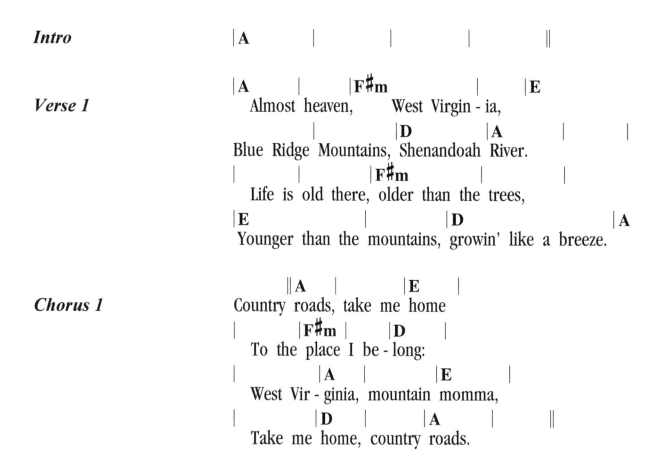

Intro

|A | | | ||

Verse 1

|A | |F#m | |E
Almost heaven, West Virgin - ia,
| |D |A | |
Blue Ridge Mountains, Shenandoah River.
| | |F#m | |
Life is old there, older than the trees,
|E | |D |A
Younger than the mountains, growin' like a breeze.

Chorus 1

||A | |E |
Country roads, take me home
| |F#m | |D |
To the place I be - long:
| |A | |E |
West Vir - ginia, mountain momma,
| |D | |A | ||
Take me home, country roads.

Verse 2

```
|A          |          |F♯m                |          |E
   All  my  memories        gather  'round  her,
      |     |D             |A         |          |
   Miner's  lady,  stranger  to  blue  water.
   |          |     |F♯m              |          |
     Dark  and  dusty,  painted  on  the  sky,
|E             |          |D                    |A
  Misty  taste  of  moonshine,  teardrop  in  my  eye.
```

Chorus 2   *Repeat Chorus 1*

Interlude

```
|F♯m              |E          |A                    |
     I  hear  her  voice,  in  the  mornin'  hour  she  calls  me,
     |D          |A              |E          |
The  radio  re - minds  me  of  my  home  far  a - way,
    |F♯m             |G          |D
And  drivin'  down  the  road  I  get  a  feelin'
       |A                   |E          |     |E7
That  I  should  have  been  home  yesterday,  yester - day.
```

Outro-Chorus

```
          ‖A     |          |E          |
Country  roads,  take  me  home
|          |F♯m  |     |D        |
   To  the  place  I  be - long:
|          |A     |          |E              |
   West  Vir - ginia,  mountain  momma,
|          |D     |          |A        |
Take  me  home,  country  roads.
|          |E     |          |A        |
Take  me  home,  country  roads,
|          |E     |          |A        |          ‖
Take  me  home,  country  roads.
```

Tears in Heaven

Words and Music by
Eric Clapton and Will Jennings

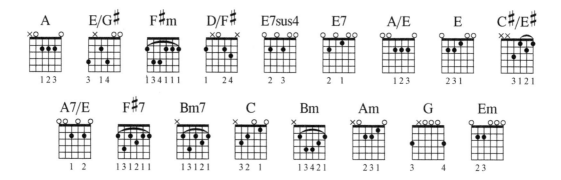

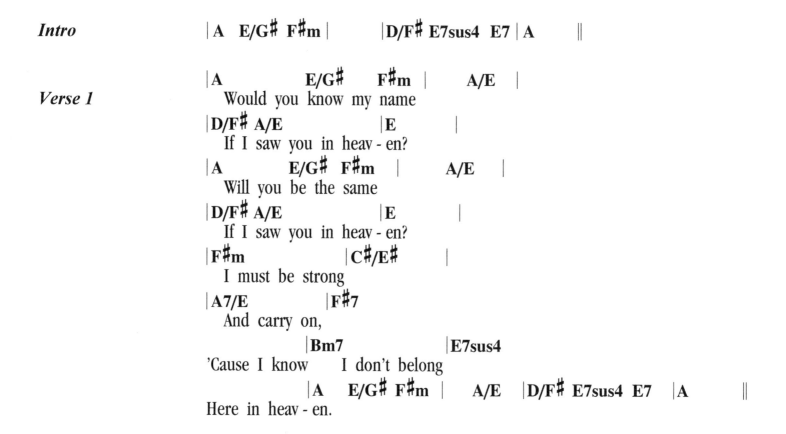

Intro |A E/G♯ F♯m | |D/F♯ E7sus4 E7 |A ||

Verse 1

        |A   E/G♯   F♯m | A/E |
        Would you know my name

|D/F♯ A/E |E |
If I saw you in heav - en?

|A   E/G♯ F♯m | A/E |
Will you be the same

|D/F♯ A/E |E |
If I saw you in heav - en?

|F♯m |C♯/E♯ |
I must be strong

|A7/E |F♯7
And carry on,

       |Bm7 |E7sus4
'Cause I know   I don't belong

     |A   E/G♯ F♯m | A/E |D/F♯ E7sus4 E7 |A ||
Here in heav - en.

Verse 2

```
|A          E/G♯   F♯m |     A/E   |
   Would you hold my hand
|D/F♯  A/E            |E        |
   If I saw you in heav - en?
|A          E/G♯   F♯m |       A/E   |
   Would you help me stand
|D/F♯ A/E            |E        |
   If I saw you in heav - en?
|F♯m               |C♯/E♯       |
   I'll find my way
|A7/E                     |F♯7
   Through night and day,
              |Bm7              |E7sus4
'Cause I know     I just can't stay
              |A    E/G♯ F♯m |    A/E  |D/F♯ E7sus4 E7  |A        ‖
Here in heav - en.
```

Bridge

```
|C        Bm          |Am
  Time can bring you down,
          D/F♯              |G   D/F♯  |Em   D/F♯  G   |
Time can bend your knee.
|C        Bm              |Am
  Time can break your heart,
          D/F♯           |G    D/F♯
Have you begging please,
                  |E           ‖
Begging please.
```

Verse 3

```
|A       E/G♯    F♯m |    A/E  |D/F♯    A/E     |E         |
|A       E/G♯    F♯m |    A/E  |D/F♯    A/E     |E         |
|F♯m              |C♯/E♯       |
   Beyond the door,
|A7/E                     |F♯7
   There's peace I'm sure.
   ·          |Bm7               |E7sus4
And I know    there'll be no more
              |A   E/G♯ F♯m |    A/E  |D/F♯ E7sus4 E7  |A        ‖
Tears in heav - en.
```

Verse 4   *Repeat Verse 1*

Wake Up Little Susie

Words and Music by
Boudleaux Bryant and Felice Bryant

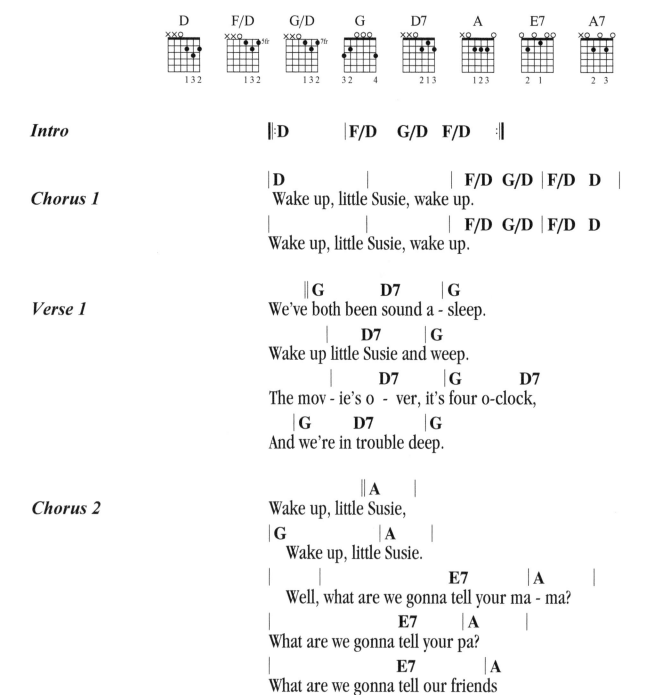

Intro

‖: D | F/D   G/D   F/D   :‖

Chorus 1

| D | | F/D   G/D | F/D   D |
Wake up, little Susie, wake up.

| | | F/D   G/D | F/D   D
Wake up, little Susie, wake up.

Verse 1

‖ G   D7 | G
We've both been sound a - sleep.

| D7 | G
Wake up little Susie and weep.

| D7 | G   D7
The mov - ie's o - ver, it's four o-clock,

| G   D7 | G
And we're in trouble deep.

Chorus 2

‖ A |
Wake up, little Susie,

| G | A |
Wake up, little Susie.

| | | E7 | A |
Well, what are we gonna tell your ma - ma?

| | E7 | A |
What are we gonna tell your pa?

| | E7 | A
What are we gonna tell our friends

| N.C. |
When they say, "Ooh la la?"

| D |
Wake up, little Susie.

| A7 | D |
Wake up, little Susie.

Bridge

| | ‖D | | | | |

Well, I told your mama that you'd be in by ten.

| D7 | G | | | | |

Well, Susie baby, looks like we goofed a - gain.

| | |A | |

Wake up, little Susie.

| G | A | |

Wake up, little Susie.

| A7 N.C. | D ‖

We gotta go home.

Interlude

‖:D |F/D G/D F/D :‖

Chorus 3

Repeat Chorus 1

Verse 2

‖G D7 |G

The movie wasn't so hot.

| D7 |G

It did - n't have much of a plot.

| D7 |G D7

We fell asleep, ___ our goose is cooked,

|G D7 |G

Our reputa - tion is shot.

Chorus 4

‖A |

Wake up, little Susie,

|G |A |

Wake up, little Susie.

| | E7 |A |

Well, what are we gonna tell your ma - ma?

| E7 |A |

What are we gonna tell your pa?

| E7 |A

What are we gonna tell our friends

| N.C. |

When they say, "Ooh la la?"

|D |

Wake up, little Susie.

|A7 |D |

Wake up, little Susie.

|A7 |D ‖

Wake up, little Susie.

Outro

‖:D F/D G/D :‖ *Play 4 times*

‖:D |F/D G/D F/D :‖ *Repeat and fade*

Wanted Dead or Alive

Words and Music by
Jon Bon Jovi and Richie Sambora

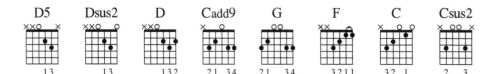

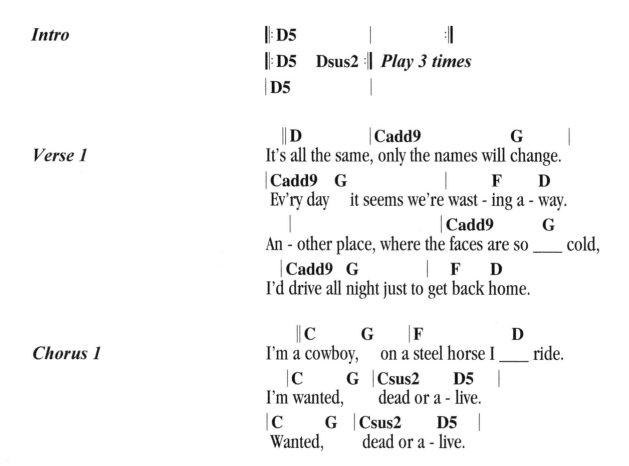

Intro

‖: **D5** | :‖

‖: **D5** **Dsus2** :‖ *Play 3 times*

| **D5** |

Verse 1

‖**D** |**Cadd9** **G** |

It's all the same, only the names will change.

|**Cadd9** **G** | **F** **D**

Ev'ry day   it seems we're wast - ing a - way.

| |**Cadd9** **G**

An - other place, where the faces are so ___ cold,

|**Cadd9** **G** | **F** **D**

I'd drive all night just to get back home.

Chorus 1

‖**C** **G** |**F** **D**

I'm a cowboy,   on a steel horse I ___ ride.

|**C** **G** |**Csus2** **D5** |

I'm wanted,   dead or a - live.

|**C** **G** |**Csus2** **D5** |

Wanted,   dead or a - live.

Interlude 1   ‖: **D5** | :‖

Verse 2
    |**D** |**Cadd9**   **G**
Some - times I sleep, some - times it's not for days.
    |**Cadd9**   **G** | **F**   **D**
The people I meet   always go their sep - 'rate ways.
    | |**Cadd9**   **G**
Some - times you tell the day by the bottle that you ___ drink.
    |**Cadd9**   **G** | **F**   **D**
And times when you're alone, all you do is think.

Chorus 2
    |**C**   **G** |**F**   **D**
I'm a cowboy,   on a steel horse I ___ ride.
    |**C**   **G** |**Csus2**   **D5** |
I'm wanted, (Wanted.) dead or a - live.
|**C**   **G** |**Csus2**   **D5** |
 Wanted, (Wanted.) dead or a - live.

Interlude 2   *Repeat Interlude 1*

Guitar Solo   ‖: **D** |**Cadd9 G** |**Cadd9 G** | **F D** :‖

Chorus 3
|**D**   ‖**C**   **G** |**F**   **D**
    Oh, I'm a cowboy,   on a steel horse I ___ ride.
    |**C**   **G** |**Csus2**   **D5** |
I'm wanted, (Wanted.) dead or a - live.

Verse 3

```
        ‖ D                            | Cadd9        G
```
And I walk these streets, a loaded six string on my ___ back.
```
        | Cadd9      G        |    F         D
```
I play for keeps,   'cause I might not make it back.
```
        |                        | Cadd9  G
```
I've been ev'rywhere, still I'm standing tall,
```
        | Cadd9        G          |     F        D
```
I've seen a million faces, and I've rocked them all.

Chorus 4

```
              ‖ C        G     | F          D
```
'Cause I'm a cowboy,   on a steel horse I ___ ride.
```
        | C        G       | Csus2      D5    |
```
I'm wanted, (Wanted.) dead or a - live.
```
              | C        G       | F          D
```
'Cause I'm a cowboy,   I got the night on my side.
```
          | C        G       | Csus2      D5
```
And I'm wanted, (Wanted.) dead or a - live,
```
            | C                G  | Csus2      D5
```
Dead or a - live, (Dead or a - live.) dead or a - live.
```
          | C                G       | Csus2      D5    |
```
I still drive, (I still ___ drive.) dead or a - live,
```
| Csus2        G  | Csus2      D5    |
```
Dead or a - live, dead or a - live,
```
| Csus2        G  | Csus2      D5    |
```
Dead or a - live, dead or a - live.

Outro

```
              | D5          |          |

              |          |       D    ‖
```

88

Wild World

Words and Music by
Yusuf Islam

Verse 1

|Am   D |G   C |
La la la la la la la la la la.   La la la la la la la la la la.
|F   Dm |E   ‖
La la la la la la la la la la la.

Verse 1

|Am   D |G
Now that I've lost   everything to you,
          C |F
You say you wanna start something new,
          Dm |E |
And it's breakin' my heart you're leaving. Baby, I'm grieving.
|Am   D |G
But if you want to leave, take good care.
          C |F
Hope you have a lot of nice things to wear,
          Dm |E   G | G7 G6 G   ‖
But then a lot of nice things turn bad out there.

Chorus 1

```
|C      G           |F              |
   Ooh, baby, baby, it's a wild world.
|G              F        |C              |
   It's hard to get by  just upon a smile.
|C      G           |F              |
   Ooh, baby, baby, it's a wild world.
|G              F              |C        Dm    E      ||
   I'll always remem - ber you like a child, girl.
```

Verse 2

```
|Am                      D                      |G
   You know, I've seen a lot of what the world can do,
         C                      |F
And it's breakin' my heart in two
         Dm                      |E                      |
Because I never want to see you sad, girl. Don't be a bad girl.
|Am                 D           |G
   But if you want to leave, take good care.
               C                |F
Hope you make a lot of nice friends out there,
         Dm                         |E     G   |   G7 G6  G    ||
But just re - member there's a lot of bad,  and be - ware,          be - ware.
```

Chorus 2

```
|C      G           |F              |
   Ooh, baby, baby, it's a wild world.
|G              F        |C              |
   It's hard to get by  just upon a smile.
|C      G           |F              |
   Ooh, baby, baby, it's a wild world.
|N.C.        G           F              |C        Dm    E      ||
   And I'll always remem - ber you like a child, girl.
```

Verse 3

|Am   D |G   C |
                                                           La la la la la la la la la la.

|F   Dm |E |
   La la la la la la la la la la la la. Baby, I love you.

|Am   D |G
   But if you want to leave, take good care.

                  C |F
  Hope you make a lot of nice friends out there,

               Dm |E   G | G7 G6   G   ‖
  But just re - member there's a lot of bad, and be - ware,   be - ware.

Chorus 3   *Repeat Chorus 2*

Chorus 4

|C   G |F |
  Ooh, baby, baby, it's a wild world.

|G   F |C |
  It's hard to get by just upon a smile.

|C   G |F |
  Ooh, baby, baby, it's a wild world.

|N.C.   G   F |C   ‖
  And I'll always remem - ber you like a child, girl.

Wish You Were Here

Words and Music by
Roger Waters and David Gilmour

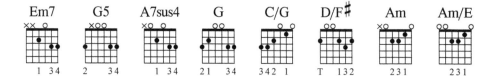

Intro

```
|Em7      |G5       |Em7      |G5       |
|Em7      |A7sus4   |Em7      |A7sus4   |
|G        |         |Em7      |G5       |
|Em7      |G5       |Em7      |A7sus4   |
|Em7      |A7sus4   |G        ||
```

Verse 1

```
|C/G                          |D/F#    |
 So, so you think you can tell,
|                   |Am   Am/E |
  Heaven from hell,
|     Am          |G         |
  Blue skies from pain.
|                |D          |
  Can you tell a green field,
|D/F#            |C/G        |
  From a cold steel rail?
|                |Am/E       |
  A smile from a veil?
|                 |G          ||
  Do you think you can tell?
```

Verse 2

```
|                           |C/G  |                    |D/F♯      |
       Did they get you to trade ___    your heroes for ghosts?
|                             |Am   Am/E  |
       Hot ashes for trees?
|              Am            |G           |
       Hot air ___ for a cool ___ breeze?
|                                  |D          |
       Cold comfort for change?
|D/F♯              |C/G
       Did you exchange
  |                          |Am
A walk on part in the war
         |                  |G          ‖
For a lead role in a cage?
```

Guitar Solo

```
|Em7        |G5        |Em7        |G5         |
|Em7        |A7sus4    |Em7        |A7sus4     |
|G          ‖
```

Verse 3

```
|C/G           |                        |D/F♯       |
       How I wish, how I wish you were here.
|              |Am                 |               |
       We're just two lost souls swimmin' in a fish bowl
|G                      |
       Year after year.
|D/F♯                   |            |
       Runnin' over the same old ground.
|C/G                              |Am         |
       What have we found? The same old fears.
|                       |G        ‖
       Wish you were here.
```

Interlude

```
|Em7        |G5        |Em7        |G5         |
|Em7        |A7sus4    |Em7        |A7sus4     |
|G          |          ‖
```

Outro-Guitar Solo

```
|Em7        |G5        |Em7        |G5         |
|Em7        |A7sus4    |Em7        |A7sus4     |
|G          |          ‖
```

Working Class Hero

Words and Music by
John Lennon

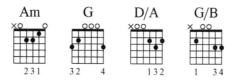

Intro

| Am | |

Verse 1

||Am   G |Am
As soon as you're born they make you feel small
        | G |Am
By giving you no time in - stead of it all,
           | G |Am
Till the pain is so big you feel noth - ing at all.
      | G |Am
A working class hero is something ___ to be.
      | G   D/A |Am
A working class he - ro is something to be.

Verse 2

||Am   G |Am
They hurt you at home and they hit ___ you at school.
        | G |Am |
They hate you if you're clever and they despise a fool,
  | | G |Am |
     Till you're so fucking crazy you can't follow their rules.
  | | G |Am |
A working class hero is some - thing to be.
  | | G   D/A |Am |
A working class he - ro is some - thing to be.

Verse 3

```
|               ||Am                              G      |Am        |
         When they've tortured and scared you for twenty odd years
|                              G          |Am
Then they expect you to pick ___ a career.
           |                              G       |Am
When you can't really function you're so full of fear.
        |                       G          |Am
A working class hero is some - thing to be.
        |                 G          D/A      |Am
A working class he - ro is some - thing to be.
```

Verse 4

```
            ||Am                  G        |Am
Keep you doped with religion and sex and TV.
        |                              G          |Am
And you think you're so clever and class - less and free.
          |                              G        |Am
But you're still fucking peasants as far as I can see.
        |                       G          |Am
A working class hero is some - thing to be.
        |                 G             D/A   |Am
A working class he - ro is something to be.
```

Verse 5

```
           ||Am                              G      |Am
There's room at the top, they are telling you ___ still,
        |                              G          |Am
But first you must learn how to smile as you kill
        |                       G          |Am
If you want to be like the folks on the hill.
        |                       G          |Am
A working class hero is some - thing to be.
        |                 G             D/A   |Am
A working class hero is some - thing to be.
```

Outro

```
        ||Am                  G              |Am
If you want to be a hero, well, just ___ follow me.
        |                              G/B         |D/A  |Am    |        ||
If you want to be a hero, well, just ___ follow me.
```

The Strum & Sing series for guitar and ukulele provides an unplugged and pared-down approach to your favorite songs – just the chords and the lyrics, with nothing fancy. These easy-to-play arrangements are designed for both aspiring and professional musicians.

GUITAR

Acoustic Classics
00191891 ....$15.99

Adele
00159855 ....$12.99

Sara Bareilles
00102354 ....$12.99

The Beatles
00172234 ....$17.99

Blues
00159335 ....$12.99

Zac Brown Band
02501620 ....$19.99

Colbie Caillat
02501725 ....$14.99

Campfire Folk Songs
02500686 ....$15.99

Chart Hits of 2014-2015
00142554 ....$12.99

Chart Hits of 2015-2016
00156248 ....$12.99

Best of Kenny Chesney
00142457 ....$14.99

Christmas Carols
00348351 ....$14.99

Christmas Songs
00171332 ....$14.99

Kelly Clarkson
00146384 ....$14.99

Coffeehouse Songs for Guitar
00285991 ....$14.99

Leonard Cohen
00265489 ....$14.99

Dear Evan Hansen
00295108 ....$16.99

John Denver Collection
02500632 ....$17.99

Disney
00233900 ....$16.99

Eagles
00157994 ....$14.99

Easy Acoustic Songs
00125478 ....$19.99

Billie Eilish
00363094 ....$14.99

The Five-Chord Songbook
02501718 ....$14.99

Folk Rock Favorites
02501669 ....$14.99

Folk Songs
02501482 ....$14.99

The Four-Chord Country Songbook
00114936 ....$15.99

The Four Chord Songbook
02501533 ....$14.99

Four Chord Songs
00249581 ....$16.99

The Greatest Showman
00278383 ....$14.99

Hamilton
00217116 ....$15.99

Hymns
02501125 ....$8.99

Jack Johnson
02500858 ....$19.99

Robert Johnson
00191890 ....$12.99

Carole King
00115243 ....$10.99

Best of Gordon Lightfoot
00139393 ....$15.99

Dave Matthews Band
02501078 ....$10.95

John Mayer
02501636 ....$19.99

The Most Requested Songs
02501748 ....$16.99

Jason Mraz
02501452 ....$14.99

**Tom Petty –
Wildflowers & All the Rest**
00362682 ....$14.99

Elvis Presley
00198890 ....$12.99

Queen
00218578 ....$12.99

Rock Around the Clock
00103625 ....$12.99

Rock Ballads
02500872 ....$9.95

Rocketman
00300469 ....$17.99

Ed Sheeran
00152016 ....$14.99

The Six-Chord Songbook
02502277 ....$15.99

Chris Stapleton
00362625 ....$19.99

Cat Stevens
00116827 ....$17.99

Taylor Swift
00159856 ....$12.99

The Three-Chord Songbook
00211634 ....$12.99

Top Christian Hits
00156331 ....$12.99

Top Hits of 2016
00194288 ....$12.99

Keith Urban
00118558 ....$14.99

The Who
00103667 ....$12.99

Yesterday
00301629 ....$14.99

Neil Young – Greatest Hits
00138270 ....$15.99

UKULELE

The Beatles
00233899 ....$16.99

Colbie Caillat
02501731 ....$10.99

Coffeehouse Songs
00138238 ....$14.99

John Denver
02501694 ....$14.99

The 4-Chord Ukulele Songbook
00114331 ....$16.99

Jack Johnson
02501702 ....$19.99

John Mayer
02501706 ....$10.99

The Most Requested Songs
02501453 ....$15.99

Jason Mraz
02501753 ....$14.99

Pop Songs for Kids
00284415 ....$16.99

Sing-Along Songs
02501710 ....$16.99

HAL•LEONARD®

halleonard.com
Visit our website to see full song lists
or order from your favorite retailer.

*Prices, contents and availability
subject to change without notice.*